我国旅游业用地政策评估和优化研究

宋子千　等著

南开大学出版社

天　津

图书在版编目(CIP)数据

我国旅游业用地政策评估和优化研究 / 宋子千等著
. —天津：南开大学出版社，2023.1(2023.9 重印)
ISBN 978-7-310-06355-0

Ⅰ.①我… Ⅱ.①宋… Ⅲ.①旅游业－土地政策－研
究－中国 Ⅳ.①F592.0

中国版本图书馆 CIP 数据核字(2022)第 228091 号

我国旅游业用地政策评估和优化研究
WOGUO LÜYOUYE YONGDI ZHENGCE PINGGU HE YOUHUA YANJIU

南开大学出版社出版发行
出版人：陈　敬
地址：天津市南开区卫津路 94 号　　邮政编码：300071
营销部电话：(022)23508339　营销部传真：(022)23508542
https://nkup.nankai.edu.cn

河北文曲印刷有限公司印刷　全国各地新华书店经销
2023 年 1 月第 1 版　　2023 年 9 月第 2 次印刷
230×170 毫米　16 开本　12 印张　222 千字
定价：60.00 元

如遇图书印装质量问题，请与本社营销部联系调换，电话：(022)23508339

本书由国家社会科学基金项目"我国旅游业用地政策系统评估和优化研究"（批准号：17BGL118）和2019年文化和旅游部宏观决策课题"'十三五'旅游发展规划评估与'十四五'规划思路研究"资助出版

目　录

第一章　我国旅游业用地政策研究综述

本章将在对国内外旅游业用地政策研究状况进行简述的基础上，提出本研究的总体思路。

一、我国旅游业用地研究总体情况

旅游业作为我国正在大力发展的战略性支柱产业，产业的快速发展和空间的不断扩张，导致用地问题越来越突出，引起了各界的关注和重视，旅游用地研究逐渐成为土地科学和旅游科学的一个重要方向（罗文斌等，2015）[①]。根据对中国期刊网的检索，截至 2021 年 1 月，以"旅游/游憩/景区/酒店+用地/土地"为主题检索条件，在中国知网（以下简称 CNKI）数据库中搜索到期刊、硕博论文和会议类论文等 16789 篇，其中学术期刊论文 6477 篇，学位论文 8444 篇，会议论文 483 篇。从 2005 年以后论文数量增速明显加快，表明旅游业用地问题受学术界关注程度逐渐提高。

由于相关文献数量庞大，本研究将重点分析 CNKI 收录的中文社会科学引文索引（以下简称 CSSCI）期刊文献，共计 592 篇，再通过 CSSCI 数据库进行核对检验，总共获得有效文献数量 414 篇。可见关于旅游业用地的高质量文献数量较总数大为减少。采用软件 Citespace5.7.R4（64-bit）对样本进行处理，选取参数为 Top30 per slice，分别对作者、机构、关键词等数据进行统计分析，得到结果如图 1－1 所示。

[①] 罗文斌等. 中国旅游用地研究发展特征及其影响分析[J]. 中国林业科技大学学报（社会科学版），2015，9（04）：24－31.

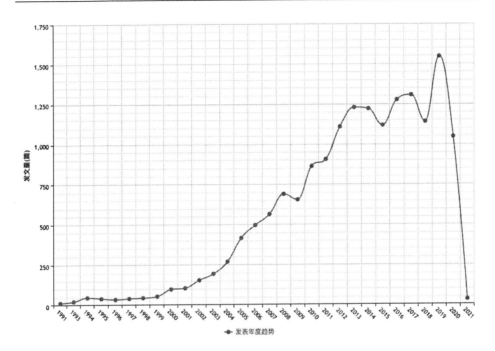

图 1-1　CNKI 旅游用地文献发表年度趋势

数据来源：CNKI 可视化数据。

（一）核心作者与合作分析

通过作者共现分析可以反映该领域发文核心作者与研究人员之间的合作关系。根据赖普斯定律可以确定旅游用地研究的核心作者，如表 1—1 所示。本研究领域作者相对较为分散，专注此领域的学者较少，在核心期刊发表文献没有超过 8 篇的作者。其中，席建超、陈田主要从地理空间格局的角度研究乡村旅游土地的利用问题，刘家明以探究旅游土地配置问题为主，田代贵以研究乡村土地利用为主，保继刚、左冰、刘俊则是从社区角度探究旅游土地利用问题，马晓龙、黄振方等的研究涉及多个主题。

表 1-1　发文量 4 篇以上的作者

作者	发文量
席建超	7
刘家明	6
陈田	6

续表

作者	发文量
田代贵	5
保继刚	5
左冰	4
刘俊	4
马晓龙	4
黄震方	4

　　根据被引文献作者数据表可以发现，被引次数较多的文献作者有保继刚、席建超、吴必虎、左冰等，如表1-2所示，从中介中心性来看，保继刚、席建超、吴必虎的关联性较强，如图1-2所示。

表1-2　被引文献作者数据表

被引作者	被引量	中心性	被引最早年份
保继刚	30	0.17	1998
席建超	29	0.45	2006
吴必虎	22	0.31	2000
左冰	18	0.09	2006
章锦河	18	0.00	2006
刘彦随	16	0.12	2003
龙花楼	15	0.02	2003
刘家明	13	0.03	2006
刘俊	13	0.00	2008

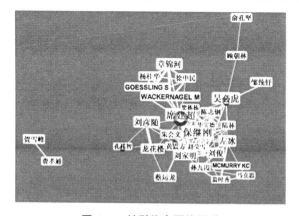

图1-2　被引作者网络图谱

（二）核心机构与分布特征

通过表1-3可以发现，1998年至2020年旅游用地研究的核心文献发文量3篇以上的机构有8家，其中，中国科学院发文量最高，达到35篇，远高于其他机构，这说明对旅游用地的研究以地理领域为主。另外，各机构之间的联系较为松散，并未形成核心机构群。

表1-3　各机构发文数量

机构	发文量
中国科学院	35
中国旅游研究院	6
北京联合大学	6
四川大学	5
中山大学	5
北京大学	5
中国城市规划设计研究院	3
河南师范大学	3

（三）共被引期刊的分布

通过表1-4期刊被引的频次和中心性可以看出，旅游用地文献被引期刊最多的是《旅游学刊》《地理学报》《经济地理》《地理研究》《自然资源学报》《人文地理》以及 *ANNALS OF TOURISM RESEARCH* 等，引用频次均高于50。由此可见，关于旅游用地研究的文献的参考来源集中于旅游和地理期刊。由图1-3可知，旅游学刊、地理研究、人文地理、经济地理、地理学报等具有很强的联系，形成了相对稳定的文献群。

表1-4　共被引期刊数据表

期刊名称	共被引频次	中心性	初始年份
旅游学刊	206	0.12	1998
地理学报	93	0.24	1998
经济地理	80	0.03	1998
地理研究	71	0.11	1998
自然资源学报	62	0.03	2000
人文地理	55	0.32	2005
ANNALS OF TOURISM RESEARCH	53	0.01	2002

续表

期刊名称	共被引频次	中心性	初始年份
地理科学	49	0.15	2002
资源科学	48	0.01	2003
TOURISM MANAGEMENT	47	0.00	1998
地理科学进展	47	0.04	2003
生态学报	45	0.03	2998
城市规划	43	0.27	2001
中国土地科学	43	0.00	2003

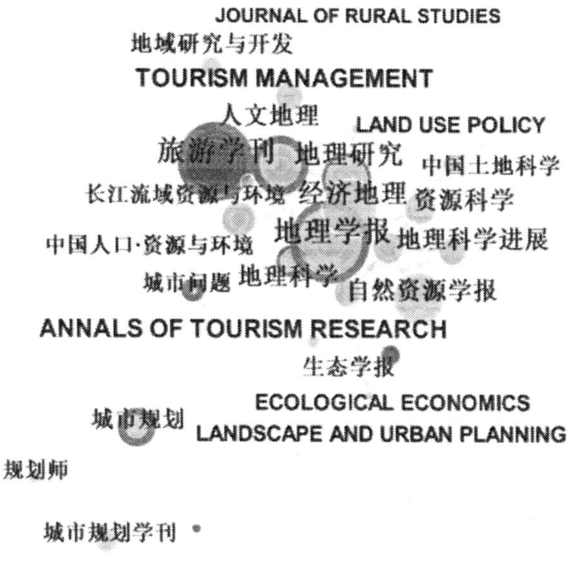

图 1-3　被引期刊网络图

（四）研究文献关键词分析与热点分析

依据关键词共现图谱（图 1—4）与信息汇总表格（表 1—5），可以提炼出旅游用地的研究热点，主要体现在"土地利用""乡村旅游""旅游用地""可持续发展"等相对高频和高中心度的关键词上。另外，通过 citespace 软件自带的膨胀词探测技术进行突现词检测（图 1—5）可以看出，3 个突现词分别为可持续发展、旅游生态足迹、生态旅游，时间均在 21 世纪最初几年。

表 1-5　关键词共现数据表

频次	中心性	关键词	突现性
30	0.24	乡村旅游	
15	0.32	土地利用	
14	0.15	可持续发展	3.43
14	0.14	旅游用地	
12	0.08	乡村振兴	
9	0.03	旅游生态足迹	3.25
8	0.07	社区参与	
8	0.04	旅游	
8	0.03	土地流转	
7	0.1	生态旅游	3.39
7	0.1	旅游业	
7	0.09	旅游资源	
7	0.08	自然保护区	

图 1-4　关键词共现图谱

Top 3 Keywords with the Strongest Citation Bursts

Keywords	Year	Strength	Begin	End	1998 - 2020
可持续发展	1998	3.43	2001	2007	
生态旅游	1998	3.39	2004	2006	
旅游生态足迹	1998	3.25	2006	2007	

图 1-5　旅游用地研究突现关键词

二、我国旅游业用地政策研究情况

旅游产业用地政策是推动旅游业健康快速发展、促进旅游消费快速增长、培育发展新动力的重要基础和保障（林业江，2017）[①]，但相对于快速发展的旅游业实践而言，旅游业用地政策研究较为滞后（杨振之，2017）[②]。在关于旅游业用地的学术论文中，从土地利用和覆盖变化（LUCC）、生态安全和保护等角度进行讨论的文章占了最大比重，关于政策研究的论文比较少。对以"旅游/游憩/景区/酒店+用地/土地"为主题的 CSSCI 期刊文献，以"政策"为主题进行进一步搜索，仅得到 101 篇论文。换成"篇关摘"中含有"政策"为条件，搜索得到论文数量略有增加，为 130 篇。进一步扩充将核心期刊包括在内，得到 245 篇论文。可以看出 2015 年后年度发表论文数有较大增加，该年度恰好是原国土资源部、原住房和城乡建设部、原国家旅游局（以下称自然资源部、文化和旅游部）联合出台《关于支持旅游业发展用地政策的意见》之年。在这些文章中，以乡村旅游用地为研究对象的占 70% 左右，其余则涉及政策解读、城市旅游用地、景区设施用地等。在研究内容上，主要集中在旅游业用地的概念与分类、规划与供应、交易与价格以及旅游业土地利用评价、政策创新等方面，如图 1—6 所示。

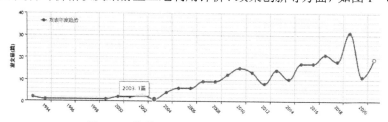

图 1-6　旅游用地政策类文献发表年度趋势

数据来源: CNKI 可视化数据。

① 林业江. 桂林旅游产业用地改革试点的探索与实践[J]. 旅游学刊，2017，32（07）：5—6.
② 杨振之. 旅游规划用地问题与用地创新[J]. 旅游学刊，2017，32（08）：1—4.

（一）旅游业用地概念和分类

旅游业用地概念是旅游业用地政策研究的前提。由于我国现行法律没有对旅游业用地做出明确阐释，一级或二级地类上未有对应标准，研究者围绕旅游业用地的定义、性质和分类做了较多讨论。这些观点大体可以分为两类：一类是狭义视角，主要参考《土地管理法》和土地分类国家标准中的有关提法，往往将旅游用地限定在风景名胜区等建设用地范畴，如朱德举（1996）①、欧名豪（2002）②，有的学者虽然对旅游业用地的范围进行了拓展，但仍明确其为建设用地，如徐勤政等（2010）③、席建超（2013）④；另一类是广义视角，越来越多的学者注意到旅游业用地的多样性和复合性，覆盖了现有土地分类体系下的农用地、建设用地和未利用地⑤（章牧、李月兰，2006），只要具有游憩功能、可以被旅游业利用的各类土地资源都可用看作旅游用地（胡千慧、陆林，2009⑥；王金叶等，2015⑦；张娟，2008⑧；余中元，2019⑨）。由于旅游业用地构成复杂，在概念界定的基础上，研究者进一步对旅游业用地的分类做了探讨。和概念界定相关联，一些研究者在建设用地范畴内对旅游业用地进行分类，如徐勤政等（2010）、席建超（2013）；另一类则从旅游活动开展或旅游业发展的整体角度对旅游业用地进行分类，涉及农用地、建设用地和未利用地等不同类型，如张娟（2008）。

（二）旅游业用地规划与土地供应

我国土地性质是社会主义公有制，而且土地资源非常稀缺，因而国家将合理利用、全面规划作为重要的土地管理原则，对于建设用地更是有严格的指标控制。由于与旅游关联的各类基础设施用地多，形态各异的旅游新业态用地多，加上旅游业用地规模大、结构复杂、乡村区域布局多、投资急等特点（姚丽，

---

① 朱德举. 土地评价[M]. 北京：中国大地出版社，1996.

② 欧名豪. 土地利用管理[M]. 北京：农业出版社，2002.

③ 徐勤政，刘鲁，彭珂. 城乡规划视角的旅游用地分类体系研究[J]. 旅游学刊，2010，25（07）：54—61.

④ 席建超. 旅游用地：亟待厘清的几个基本理论问题[N]. 中国旅游报，2013—11—08（11）.

⑤ 章牧，李月兰. 土地利用总体规划修编中的旅游用地问题研究[J]. 社会科学家，2006（04）：124—127.

⑥ 胡千慧，陆林. 旅游用地研究进展及启示[J]. 经济地理，2009，29（02）：313—319.

⑦ 王金叶，韦绍兰，吴郭泉，等. 基于桂林旅游产业用地改革背景下的旅游用地分类[J]. 桂林理工大学学报，2015，35（01）：91—98.

⑧ 张娟. 旅游用地分类的探讨[J]. 资源与产业，2008，10（01）：63—68.

⑨ 余中元，李波，张新时. 全域旅游发展背景下旅游用地概念及分类——社会生态系统视角[J]. 生态学报，2019，39（07）：2331—2342.

2017）①，同时对旅游业用地规划和指标等缺少明确规范（魏峰群、黄明华、李斌，2017）②，旅游用地规划与相关规划不衔接、计划指标不足的情况较为突出（袁国华、郑娟尔，2016）③。特别是旅游业发展迅速，大型旅游项目往往需要大量土地，在实践中土地规划和指标往往很难满足旅游业用地需求。曾博伟（2017）④提到，"十二五"期间，海南旅游建设用地需求量占同期建设用地需求总量的37.1%；云南旅游建设用地需求量则占同期建设用地需求总量的36%，在这种情况下，大量旅游项目由于缺乏配套的用地安排和相应的土地政策难以"上马"。为了缓解旅游业用地供需矛盾，研究者从规划和土地供应角度提出了加强旅游规划和城市规划、土地利用规划的衔接（邵佳，2013）⑤，探索多规融合（黄洁等，2016）⑥，增加旅游用地规划的可操作性（卢为民、刘扬，2016）⑦，加强以规划为先导的旅游政策创新（杨振之，2017）⑧，促进城市规划从技术文件真正转化为空间政策（魏峰群等，2017）⑨，建立供需双向调节机制（姚丽，2017）⑩，实行点状供地、先租后让、租让结合（杨振之，2019）⑪等政策建议。

（三）旅游业土地交易和用地价格

旅游业用地类型多，目前并没有单独的旅游业用地门类，基准地价评估体系中也没有专门针对旅游业用地的制度，因而我国旅游业用地还没有作为一种单独的用地类型参与市场交易，旅游用地价格标准较为混乱（郝娜等，2013）⑫，评估地价时往往参照商服用地基准地价，从而造成旅游业用地出让价格偏高（陈国章、石钖，2014）⑬。研究者指出，旅游用地是一种特殊的土地利用类型，其

---

① 姚丽. 旅游发展中几个重要的土地问题[J]. 旅游学刊，2017，32（07）：1－3.

② 魏峰群，黄明华，李斌. 城市旅游景区对城市建设用地影响的量化分析及规划应对——基于西安曲江城市新区的数据实证[J]. 现代城市研究，2017（04）：51－58.

③ 袁国华，郑娟尔. 创新旅游用地制度，促进土地节约集约[J]. 中国国土资源报，2016－06－30（05）.

④ 曾博伟. 旅游用地改革的路径和方向[J]. 旅游学刊，2017，32（08）：9－11.

⑤ 邵佳. 城市旅游用地的提出、分类设想及落实探讨[J]. 规划师，2013（02）：84－87.

⑥ 黄洁，程萍，岳永兵. 桂林旅游产业用地改革实践分析[J]. 中国土地，2016（11）：40－42.

⑦ 卢为民. 旅游用地：分类标准待建　资源价值可期[N]. 中国国土资源报，2016－10－10（05）.

⑧ 杨振之. 旅游规划用地问题与用地创新[J]. 旅游学刊，2017，32（08）：1－4.

⑨ 魏峰群，黄明华，李斌. 城市旅游景区对城市建设用地影响的量化分析及规划应对——基于西安曲江城市新区的数据实证[J]. 现代城市研究，2017（04）：51－58.

⑩ 姚丽. 旅游发展中几个重要的土地问题[J]. 旅游学刊，2017，32（07）：1－3.

⑪ 杨振之. 点状供地：文旅融合发展的基础性创新[N]. 四川日报，2019－05－09（07）.

⑫ 郝娜，牛彦斌，李子良，齐跃普. 秦皇岛城市区旅游用地定级及地价评估[J]. 国土资源科技管理，2013，30（01）：26－30.

⑬ 陈国章，石钖. "一岗双责"共筑廉政"防火墙"——广西国土资源厅以党风廉政建设促作风建设纪实[J]. 南方国土资源，2014（12）：7－10.

土地价格或难以估算，或不能正确反映市场价格，与真实价格偏离太远（刘宗奎、于礼、李振波，2009）[①]；像旅游风景区的土地利用、地价形成机制和地价影响因素等具有独特的规律和特征，我国现行的城镇基准地价评估方法体系难以直接套用（欧阳安蛟、陈立定，2005）[②]。基于以上背景，有多篇文献对旅游业用地地价评估做了探讨：刘宗奎等（2009）将旅游用地地价的影响因素总结为景观质量、经济位置、基础设施状况、经营周期和环境容量[③]；欧阳安蛟等（2005）按风景游览设施建设用地、旅游商业服务设施用地、旅游接待用地、住宅用地和停车场用地 5 类用地建立了旅游风景区基准地价的评估方法体系[④]；赵宇宁（2006）侧重研究了"以自然景观为依托建立的休闲娱乐及旅游服务"用地的定级估价，提出以收益还原法确定景区旅游用地的低限地价[⑤]；郝娜等（2013）提出了将旅游用地单独作为一种土地利用类型进行地价评估的方法[⑥]；方艳群等（2017）认为旅游用地具有交易案例少、土地收益不易剥离等特征，在基准地价评估实践中采用常规的基本评估方法进行价格测量存在一定的难度，并以某城市旅游用地基准地价评估为实例，尝试进行用途细分及基准地价评估[⑦]；姚丽（2017）提出建立旅游用地地价体系和资产评估、旅游用地储备制度[⑧]。

（四）旅游业土地利用评价

对旅游业土地利用情况的研究可以为旅游业用地政策制定和实施提供依据，研究者主要从土地资源使用效率、生态环境影响和经济社会影响等几方面进行了探讨。研究发现，旅游业土地利用中存在的问题有：城市郊区游憩用地配置不当（刘家明、王润，2007）[⑨]；旅游业用地产值较低（卢为民、刘扬，2016）[⑩]；旅游业用地的生态效应较差（余中元、赵志忠，2013）[⑪]；旅游业用地的可持续

① 刘宗奎，于礼，李振波. 旅游用地地价影响因素分析[J]. 经济视角（下），2009（05）：17－19+55.

② 欧阳安蛟，陈立定. 旅游风景区基准地价评估方法体系研究[J]. 资源科学，2005（03）：156－160.

③ 刘宗奎，于礼，李振波. 旅游用地地价影响因素分析[J]. 经济视角（下），2009（05）：17－19+55.

④ 欧阳安蛟，陈立定. 旅游风景区基准地价评估方法体系研究[J]. 资源科学，2005（03）：156－160.

⑤ 赵宇宁. 旅游用地基准地价评估研究[D]. 中国地质大学，2006.

⑥ 郝娜，牛彦斌，李子良，齐跃普. 秦皇岛城市区旅游用地定级及地价评估[J]. 国土资源科技管理，2013，30（01）：26－30.

⑦ 方艳群，狄春雷. 旅游用地细分用途基准地价评估方法探析[J]. 安徽农业科学，2017，45（25）：212－214+228.

⑧ 姚丽. 旅游发展中几个重要的土地问题[J]. 旅游学刊，2017，32（07）：1－3.

⑨ 刘家明，王润. 城市郊区游憩用地配置影响因素分析[J]. 旅游学刊，2007（12）：18－22.

⑩ 卢为民，刘扬. 旅游用地：分类标准待建 资源价值可期[N]. 中国国土资源报，2016－10－10（05）.

⑪ 余中元，赵志忠. 旅游用地生态效应及调控研究框架设计[J]. 生态科学，2013，32（04）：523－528.

性不足（韩雪等，2012）[①]；旅游发展对土地利用在数量、模式、景观、环境、乡村性等方面带来负面影响（Xiyan Mao et al.，2014[②]；Jianchao Xi et al.，2014[③]）；旅游业用地中存在违规、浪费和生态环境恶化现象（刘明等，2016）[④]；旅游用地制度造成旅游相关主体的产权残缺，导致资源配置无效率（饶品样、李树民，2008）[⑤]；旅游业用地引发利益矛盾和政策法规冲突（曾博伟，2017）[⑥]等。

（五）旅游业用地政策创新

大量研究都提到了既有土地法律政策和旅游业用地之间的冲突，部分研究者从总体上对旅游业用地政策创新做了一些讨论，如魏小安（2017）提出旅游用地八问，包括是什么、怎么用、如何规范等问题，并指出了旅游用地研究和实践的发展方向[⑦]；戴学锋（2017）从全面深化改革角度提出了旅游用地改革的重要性[⑧]；饶品祥、李树民（2008）提出旅游业用地来源多途径化及加强统一管理[⑨]；王爱民、姚丽（2014）提出建立符合旅游产业发展特点和要求的差别化土地管理制度[⑩]；张清军（2018）结合全域旅游背景提出构建旅游用地差别化管理政策体系[⑪]；黄洁等（2016）提出建立旅游业用地制度改革的有效沟通协调机制[⑫]。

（六）乡村旅游用地政策

乡村旅游的迅速发展以及农村土地的特殊性，使得乡村旅游用地在旅游业

① 韩雪，杨俊孝，姚娟. 基于可持续视角的旅游用地利用模式研究——以乌鲁木齐南山风景区为例[J]. 环境科学与管理，2012，37（06）：165－167+127.

② Xiyan Mao, Jijun Meng, Qi Wang. Modeling the effects of tourism and land regulation on land-use change intourist regions: A case study of the Lijiang River Basin in Guilin, China [J]. Land Use Policy, 2014，41(11): 368－377.

③ Jianchao Xi, Meifeng Zhao, Quansheng Ge, Qinqin Kong. Changes in land use of a village driven by over 25 years of tourism: The case of Gougezhuang village, China [J]. Land Use Policy, 2014, 40 (09): 119－130.

④ 刘明，李灿，黄萌萌. 创新旅游用地管理的若干关键问题研究[J]. 科技与创新，2016（20）：10－12.

⑤ 饶品祥，李树民. 产权边界、层次差异与旅游用地资源配置效率[J]. 旅游学刊，2008（11）：42－47.

⑥ 曾博伟. 旅游用地改革的路径和方向[J]. 旅游学刊，2017，32（08）：9－11.

⑦ 魏小安. 旅游用地八问[J]. 旅游学刊，2017，32（07）：11－14.

⑧ 戴学锋. 从全面深化改革角度看旅游用地改革的重要性[J]. 旅游学刊，2017，32（07）：3－5.

⑨ 饶品祥，李树民. 产权边界、层次差异与旅游用地资源配置效率[J]. 旅游学刊，2008，23（11）：42－47.

⑩ 王爱民，姚丽. 创新改革，探索旅游用地差别化管理[J]. 中国地产市场，2014（10）：20－21.

⑪ 张清军. 全域旅游背景下旅游用地差别化管理政策体系构建：以韶关市为例[J]. 贵州农业科学，2018，46（10）：168－172.

⑫ 黄洁，程萍，岳永兵. 桂林旅游产业用地改革实践分析[J]. 中国土地，2016（11）：40－42.

用地政策研究中占有重要地位。乡村旅游用地除了同样存在指标不足、规划衔接难等问题，还存在一些由于乡村旅游特殊性和农村土地制度特殊性带来的问题，如农村集体建设用地参与旅游开发经营难（郭凌等，2009[①]；巴华蕊，2012[②]；李洋等，2015[③]；李凌旭、梁亚荣，2011[④]）；农村土地用途管制严格、地块分散、难以抵押（汪晓春、王振伟，2011）[⑤]；乡村旅游房屋及土地确权滞后、乡村旅游停车场等附属设施未纳入确权范围、农业综合开发项目配套的乡村旅游项目未确权颁证、农户兼营农家乐房屋及建设用地确权过程中未作经营性区分（陈悦、田代贵，2014）[⑥]；乡村旅游发展土地流转中存在风险（吴冠岑等，2013）[⑦]；乡村森林旅游开发中农村土地集体所有制导致法律困境（李永安，2019）[⑧]等。针对乡村旅游用地问题，研究者提出的政策建议有：试点农村土地抵押、健全土地流转机制（汪晓春、王振伟，2011）；适当放开农村承包地、集体建设用地和宅基地"三块地"流转（巴华蕊，2012）；完善农民宅基地和农户兼营农家乐房屋及建设用地确权登记、对农业综合项目旅游房屋及建设用地进行确权、将农村现有空置宅基地作为经营性建设用地进入市场配置、加快农村产权制度改革（陈悦、田代贵，2014）；利用城乡建设用地增减挂钩助力乡村旅游发展（黄朝明、栾乔林，2015）[⑨]；农村土地整合和乡村旅游联动发展（梁入月，2016）[⑩]；完善集体土地参与旅游开发制度、创新旅游扶贫用地政策（袁国华、郑娟尔，2016）[⑪]；盘活农村存量建设用地、采用以点状供地为主的新增建设用地供应方

① 郭凌，黄国庆，王志章. 乡村旅游用地问题研究[J]. 湖南农业大学学报（社会科学版），2009（03）：13－19.

② 巴华蕊. 农村土地流转为旅游用地的法律问题研究[D]. 西安外国语大学，2012.

③ 李洋，马艺榕，刘剑川. 海南集体建设用地参与旅游项目开发的法律分析[J]. 重庆交通大学学报（社会科学版），2015，15（04）：40－43.

④ 李凌旭，梁亚荣. 建设国际旅游岛背景下农村集体建设用地参与旅游项目开发的法律思考[J]. 安徽农业科学，2011，39（32）：19911－19912+20004.

⑤ 汪晓春，王振伟. 国际旅游岛背景下海南乡村旅游发展的用地保障研究[J]. 农村经济与科技，2011，22（10）：50－51.

⑥ 陈悦，田代贵. 乡村旅游发展用地问题研究——以重庆市为例[J]. 探索，2014（05）：104－107.

⑦ 吴冠岑，牛星，许恒周. 乡村旅游开发中土地流转风险的产生机理与管理工具[J]. 农业经济问题，2013（04）：63－68.

⑧ 李永安. 我国乡村森林旅游开发须破解农村土地集体所有制的法制困局[J]. 世界林业研究，2019，32（04）：107－111.

⑨ 黄朝明，栾乔林. 依托增减挂钩优化旅游用地布局——以海南国际旅游岛建设为例[J]. 中国土地，2015（08）：36－38.

⑩ 梁入月. 重庆农村土地整治与旅游联动机制研究[J]. 农业经济，2016（09）：106－108.

⑪ 袁国华，郑娟尔. 创新旅游用地制度，促进土地节约集约[N]. 中国国土资源报，2016－06－30（05）.

式（方圆、张卓林，2020）[①]等。

三、国外旅游业用地研究情况

国外对旅游业用地的研究很少直接以用地政策为主题，而且其土地制度和中国亦有明显差异。尽管如此，很多研究还是具有借鉴意义，如卫斯里和冯斯美（Wesley & Fesenmaier，1987[②]）、卢（Lew，1996[③]）、马克威克（Markwick，2000[④]）、亚尔辛·科望和佩兰·阿塞（Yalcin Kuvan & Perran Akan，2005）等的研究表明，居民及利益相关主体可能对旅游用地持不同态度[⑤]；希利（Healy，1994）提出加强产权制度以免景观用地过度使用、破坏资源[⑥]；理查德·沙普利（Richard Sharpley，2002）提出乡村旅游用地开发必须得到财政支持和技术支持[⑦]；西蒙·詹宁斯（Simon Jennings，2004[⑧]）、克里斯蒂娜·里姆和迈克尔·麦长利尔（Christine Lim & Michael McAleer，2005[⑨]）、约翰·达文波特和朱丽娅（John Davenport & Julia L，2006）[⑩]等强调旅游用地的可持续发展；阿比·刘（Abby Liu，2006）指出一些旅游用地的开发并没有充分重视当地的能力建设，同时主客体之间的文化差异也阻碍了当地居民参与旅游用地的开发[⑪]；安吉

---

① 方圆，张卓林. 海南休闲型共享农庄土地利用政策研究与实践[J]. 热带农业科学，2020，40（08）：85－91.

② Wesley S Roehl, Daneiel R Fesenmaier. Tourism Land Use Conflict in the United States [J]. Annals of Tourism Reserach, 1987, 15 (03): 471－485.

③ Alan A Lew. Tourism Management on American Indian Lands in the USA[J]. Tourism Management, 1996, 17 (05): 355－365.

④ Marion C Markwick. Golf Tourism Development, Stakeholders, Differing Discourses and Alternative Agendas：the Case of Malta [J]. Tourism Management, 2000, 21 (05): 515－524.

⑤ Yalcin Kuvan, Perran Akan. Residents' Attitudes Toward General and Forest-related Impacts of Tourism：the Case of Belek, Antalya[J]. Tourism Management, 2005, 26 (05): 691－706.

⑥ Robert G Healy. The "Common Pool" Problem in Tourism Landscapes[J]. Annals of Tourism Research, 1994, 21 (03): 596－611

⑦ Richard Sharpley. Rural Tourism and The Challenge of Tourism Diversification: the Case of Cyprus[J]. Tourism Management, 2002, 23 (03): 233－244.

⑧ Simon Jennings. Landscape Sensitivity and Tourism Development[J]. Journal of Sustainable Tourism, 2004, 12 (04): 271－288.

⑨ Christine Lim, Michael McAleer. Ecologically Sustainable Tourism Management[J]. Environmental Modelling & Software, 2005, 20 (11): 1431－1438.

⑩ John Davenport, Julia L. The Impact of Tourism and Personal Leisure Transport on Coastal Environments: A Review[J]. Estuarine, Coastal and Shelf Science, 2005, 67 (1/2): 280－292.

⑪ Abby Liu. Tourism in Rural Areas: Kedah, Malaysia[J]. Tourism Management, 2006, 27 (05): 878－889.

拉·霍夫和托马斯·施密特（Angela Hof & Thomas Schmitt，2011[①]）、奈斯莱汗·达尔和苏丹·巴伊桑（Neslihan Dal & Sultan Baysan，2011[②]）等分析了旅游发展特别是旅游设施建设对土地利用与覆盖的影响；苏姗娜等（Susanne Kytzia et al.，2011）讨论了如何提高旅游用地效率的问题[③]；维尔吉利奥（Virgilio M Maguigad，2013）讨论了海岛旅游规划和土地利用的制度环境[④]；莉萨等（Liisa Tyrväinen et al.，2014）调查了旅游者对于景观环境的偏好，提出为实现旅游用地的可持续发展，应建设低密度、小规模以及与自然有机融合的住宿设施等，这些对旅游业用地政策设计均具有启示作用[⑤]。

四、本研究的总体思路

（一）对现有研究的总结

现有研究为理解旅游业用地概念、分析旅游业用地政策现状问题、探讨旅游业用地政策创新等提供了很好的基础，但是也存在许多需要进一步研究的地方：

一是对旅游业用地政策进行系统评估的文献较少。虽然一些文献分析了旅游业用地政策的现状问题，但是缺少对旅游业用地政策的系统梳理，也极少对政策的实施进展情况、效果、相关主体的反应等进行深入的调研。

二是对旅游业用地政策的作用机制和实施路径研究还不够。一些文献提出的政策建议过于理想化、片面化，操作性不强。

三是研究的系统性、理论性还有待增强。虽然有诸多"碎片化"的文献，但还没有形成系统的分析框架，在旅游业用地概念、分类等基础性问题上还没

---

① Angela Hof, Thomas Schmitt. Urban and tourist land use patterns and water consumption: Evidence from Mallorca, Balearic Islands [J]. Land Use Policy, 2011, 28 (04): 792－804.

② Neslihan Dal, Sultan Baysan. Land use alterations in Kusadasi coastal area[J]. Procedia - Social and Behavioral Sciences, 2011 (19): 331－338.

③ Susanne Kytzia, Ariane Walz, Mattia Wegmann. How can tourism use land more efficiently? A model-based approach to land-use efficiency for tourist destinations [J]. Tourism Management, 2011, 32 (03): 629－640.

④ Virgilio M Maguigad. Tourism planning in archipelagic Philippines: A case review[J]. Tourism Management Perspectives, 2013, 7 (Complete): 25－33.

⑤ Liisa Tyrväinen, Marja Uusitalo, Harri Silvennoinen, Eija Hasu. Towards sustainable growth in nature-based tourism destinations: Clients' views of land use options in Finnish Lapland[J]. Landscape and Urban Planning, 2014, 122 (04): 1－15.

有达成共识，应用性探讨多而理论性探讨少，目前尚检索不到以"旅游"和"用地/土地"为主题的博士论文。有些文献从土地政策角度出发而对旅游发展较为隔膜，有些则从旅游发展角度出发而对土地政策了解不多。

四是旅游业用地形势及政策出现了一些重大变化，如"旅游+"和全域旅游发展、自驾车房车营地、旅居养老和特色民宿等新业态发展及三权分置土地制度改革等，也使得进行新的探讨非常有必要。

（二）本研究的主要内容和基本框架

本研究的研究对象是我国旅游业用地政策，包括演变历程、进展状况、实施效果、存在问题以及优化方向等。本研究所称旅游业用地就是为旅游业发展提供空间支撑的用地。对于"旅游业用地"，文献中多采用"旅游用地"的提法。但为避免和《土地管理法》中的"旅游用地"概念相混淆，现借鉴《关于支持旅游业发展用地政策的意见》中的提法，称之为"旅游业用地"。

本研究主要从以下几个方面展开：

一是我国旅游业用地政策演变、现状与当前形势。以国家层面为主，兼顾试点地区，搜集整理各阶段旅游业用地相关政策，厘清发展脉络，分析形成过程，概括主要内容。分析旅游业持续快速增长、产业融合发展和自驾车房车营地、民宿、乡村休闲旅游养老等新业态发展对旅游业用地需求带来的新变化，以及"三权分置"土地制度改革、加强耕地保护和改进占补平衡等对旅游业用地供给带来的新影响，分析利益相关方对于旅游业用地的不同诉求，从宏观和微观两个层面剖析旅游业用地供需形势。

二是我国旅游业用地政策制定和实施机制。结合对典型政策出台背景以及对相关政策制定参与人的访谈，分析政策制定的影响因素以及利益相关方在政策制定中的作用，了解利益相关方对政策的认知和评价，评估政策的必要性、合理性、可操作性和参与性。结合对政府部门、企业、居民等相关人士的访谈，分析政策实施主体、内容、对象、范围和执行过程，探讨各主体行为选择、利益联结和互动，评估政策执行效率、充足性、回应性和适当性。

三是我国旅游业用地政策感知和评价。结合大规模问卷调查，了解社会公众对旅游业用地政策内容的了解情况和评价情况，以及他们对旅游业用地政策创新的诉求，讨论政策对利益相关方、旅游业发展和区域经济社会发展带来的影响和机制，评估政策成本收益、目标达成状况、利益相关方满意度和综合效益。

四是我国旅游业用地概念内涵及分类探讨。对法律法规、政策文件和文献中的旅游业用地相关提法进行梳理，提出符合我国土地管理制度和旅游业发展实践的旅游业用地概念及标准分类。

五是我国旅游业用地政策优化设计与实施建议。结合旅游业用地的增长性、多样性、复合性、创意性和公益性，为旅游业发展用地提供一揽子政策优化设计，包括旅游业用地政策的总体思路、基本内容与典型业态用地政策等。从权属性质上涵盖国有和集体所有，从土地利用类型上涵盖建设用地、农用地和未利用地，从旅游功能上涵盖旅游资源用地、旅游接待用地、旅游管理及基础设施用地，从空间形态上涵盖单一用地和复合用地，从政策内容上涵盖用地准入、规模指标、存量调整、价格交易、用途控制、规划管理等，并针对政策的组织实施、监控调整、保障措施等提出具体建议。

（三）本研究的理论基础和研究方法

旅游业用地政策直接涉及旅游业、土地和政策三个领域，因而需要在一个整合的分析框架内，综合运用旅游管理、土地科学、公共管理等不同学科理论进行研究。

旅游发展理论，探讨旅游业用地政策离不开旅游业发展这个前提。旅游学科是一个新兴学科，在旅游发展方面还没有成型的理论体系，但是已经形成一些相关的具体理论观点，涉及旅游产业性质、旅游产业地位、旅游产业融合、全域旅游等方面，这些理论观点对于认识旅游业用地的特点及其相对于一般用地的特殊性具有参考意义。

土地科学，包括土地政策、土地产权、土地伦理、土地可持续利用等相关理论观点。旅游业用地政策研究不仅要考虑旅游业的发展，而且要考虑到我国土地法律法规和相关政策的约束，考虑到我国土地产权的复杂性和社会对土地的道德诉求，以及土地资源紧缺和生态安全形势严峻的现实，严守耕地保护红线和生态保护底线，实现土地的可持续利用。

公共政策理论，围绕公共政策的制定和实施，已经形成了许多具有解释力的理论模型，如团体理论、精英理论、公共选择理论、渐进模型等，这些理论模型可以用于分析旅游业用地政策的制定和实施机制。

在研究的技术手段方面，本研究将遵循定量和定性相结合、理论和实践相结合的一般方法，综合运用文献检索、问卷调查、深入访谈、田野考察、统计分析等方法进行探讨。

第二章　我国旅游业用地政策的演变和现状

本章将对我国旅游业用地政策的演变进行回顾，并介绍当前旅游业用地政策的基本情况，为后续研究提供基础。

一、国家层面旅游业用地政策的演变

（一）在土地政策法规中涉及旅游业用地（2009年以前）

较早提及旅游业用地的法律法规是1990年国务院颁布的行政法规，即《中华人民共和国城镇国有土地使用权出让和转让暂行条例》。这部法规在第十二条中提出土地使用权出让最高年限按用途确定，其中第四款提到"商业、旅游、娱乐用地四十年"。这个年限是所有用途中使用年限最短的（居住用地七十年，工业用地五十年，教育、科技、文化、卫生、体育用地五十年，综合或者其他用地五十年）。

1994年7月，第八届全国人民代表大会常务委员会第八次会议通过《中华人民共和国城市房地产管理法》，其中第十三条规定，"土地使用权出让，可以采取拍卖、招标或者双方协议的方式。商业、旅游、娱乐和豪华住宅用地，有条件的，必须采取拍卖、招标方式；没有条件，不能采取拍卖、招标方式的，可以采取双方协议的方式。采取双方协议方式出让土地使用权的出让金不得低于按国家规定所确定的最低价"。这是旅游业用地问题首次见诸国家法律条文。可以看出，《城市房地产管理法》在很大程度上延续了《城镇国有土地使用权出让和转让暂行条例》的提法，将旅游和商业、娱乐等并列，强调的是土地用途，而不是作为一种正式分类提出来的。

1998年8月，根据第九届全国人民代表大会常务委员会第四次会议，对《中华人民共和国土地管理法》进行修订，增加第四条："国家实行土地用途管制制度。国家编制土地利用总体规划，规定土地用途，将土地分为农用地、建设用地和未利用地……建设用地是指建造建筑物、构筑物的土地，包括城乡住宅和公共设施用地、工矿用地、交通水利设施用地、旅游用地、军事设施用地等。"其中明确提到"旅游用地"一词，且将其作为建设用地的一种。联系上下文来看，这一概念带有土地分类的性质。

2007 年 3 月公布、同年 10 月施行的《中华人民共和国物权法》第十二章第一百三十七条规定，"工业、商业、旅游、娱乐和商品住宅等经营性用地以及同一土地有两个以上意向用地者的，应当采取招标、拍卖等公开竞价的方式出让"。

在土地政策文件方面，主要是在土地分类中涉及旅游业用地问题。改革开放后，我国长期使用的土地分类依据主要是全国农业区划委员会 1984 年印发的《土地利用现状调查技术规程》和国家土地管理局 1989 年制定并于 1993 年修订的《城镇地籍调查规程》，两个规程均采用两级分类。

前者在一级类"居民点及工矿用地"下的二级类"特殊用地"中提到"旅游"字样。"特殊用地"含义是"指居民点以外的国防、名胜古迹、风景旅游、墓地、陵园等用地"。

后者在一级类"商业金融用地"下单列一个"旅游业"二级类，含义是"指主要为旅游业服务的宾馆、饭店、大厦、乐园、俱乐部、旅行社、旅游商店、友谊商店等用地"。除此之外，在"商业金融用地"中另一个二级类"商业服务业"中，以及一级类"市政用地"下二级类"绿化"中，也分别提到饭店、旅馆和公园、动植物园、风景名胜等和旅游业直接相关的内容。

在这两个文件的基础上，2001 年自然资源部制定了一个城乡统一的《全国土地分类（试行）》，2001 年 8 月印发，2002 年 1 月 1 日起试行。前两个文件中的土地分类停止使用。《全国土地分类（试行）》采用一级、二级、三级三个层次的分类体系，共分 3 个一级类、15 个二级类、71 个三级类。该分类没有直接提旅游业用地或旅游用地，和旅游业用地最相关的主要有：一级类"商服用地"下的二级类"餐饮旅馆用地"和"其他商服用地"，前者含义"指饭店、餐厅、酒吧、宾馆、旅馆、招待所、度假村等及其相应附属设施用地"，后者包括旅行社、运动保健休闲设施、夜总会、俱乐部、高尔夫球场等用地；一级类"建设用地"二级类"公用设施用地"下的三级类"瞻仰景观休闲用地"，其含义"指名胜古迹、革命遗址、景点、公园、广场、公用绿地等"。

为便于第二次全国土地调查，中国土地勘测规划院和自然资源部地籍管理司起草了《土地利用现状分类》国家标准，2007 年 8 月由原国家质量监督检验检疫总局（现国家市场监督管理总局）和国家标准化管理委员会共同发布。这一标准采用两级分类，和《全国土地分类（试行）》类似，没有直接提旅游业用地或旅游用地，和旅游业用地最相关的主要有"商服用地"下设的"住宿餐饮用地"和"公共管理与公共服务用地"下设的"风景名胜设施用地"。前者指主要用于提供住宿、餐饮服务的用地，包括宾馆、酒店、饭店、旅馆、招待所、度假村、餐厅、酒吧等；后者指风景名胜（包括名胜古迹、旅游景点、革命遗址等）景点及管理机构的建筑用地，景区内的其他用地按现状归入相应地类。另外，"公共管理与公共服务用地"下设的"公园与绿地"，其含义是城镇、村庄内部的公园、动物园、植物园、街心花园和用于休憩及美化环境的绿化用地，和旅游业用地也比较相关。

此外，建设部门主要从建设角度对城市用地进行了分类。1990 年 7 月，住建部发布《城市用地分类与规划建设用地标准》，该标准为国家标准，采用的是三级分类，和旅游业用地最相关的是"旅馆业用地""文物古迹用地""公园"等小类。

（二）在旅游政策文件中对用地做专门规定（2009 年至 2015 年）

在旅游业发展前期，用地问题还不是十分突出，因而在前期的旅游政策文件中很少会涉及用地政策支持问题。比如 2001 年 4 月国务院出台《关于进一步加快旅游业发展的通知》，从增加对旅游基础设施建设的财政性资金投入、加大对旅游市场开发促销的资金投入、对宾馆饭店实行与一般工商企业同等的用水用电用气价格、支持符合条件的旅游企业通过股票发行上市方式融资等方面给予支持，而没有提到用地方面的支持。

2009 年 12 月出台的《国务院关于加快发展旅游业的意见》是中国旅游业发展历史上的一个标志性事件，该文件首次提出把旅游业培育成为国民经济的战略性支柱产业和人民群众更加满意的现代服务业。同时，该文件还首次对旅游业用地政策做了明确规定，在第二十条"完善配套政策和措施"条款中提出，"年度土地供应要适当增加旅游业发展用地。积极支持利用荒地、荒坡、荒滩、垃圾场、废弃矿山、边远海岛和可以开发利用的石漠化土地等开发旅游项目。支持企事业单位利用存量房产、土地资源兴办旅游业"。在第十四条提出，"编制和调整城市总体规划、土地利用规划、海洋功能区划、基础设施规划、村镇规划要充分考虑旅游业发展需要"。还要指出的是，文件第八条继续强调"规范发展高尔夫球场、大型主题公园等"。

紧接着上述文件，在 2009 年底国务院还出台了另一个和旅游业发展密切相关的文件，对用地问题也做了专门规定，即《国务院关于推进海南国际旅游岛建设发展的若干意见》。该文件在"加大政策支持"条款中对土地政策做了整段表述，提出："科学修编土地利用总体规划，落实最严格的耕地保护制度和节约用地制度，严格实施土地用途管制制度，统筹和保障海南国际旅游岛建设发展各类用地需求，推进城乡土地一体化管理。在不突破国家下达的耕地保有量、基本农田保护面积和建设用地总规模的前提下，试行对土地利用总体规划实施定期评估和调整机制。加强土地利用总体规划对经济各行业的布局规模、时序的调控。稳步开展城乡建设用地增减挂钩试点、农村集体经济组织和村民利用集体建设用地自主开发旅游项目试点。科学论证、统筹规划岛屿的开发利用，依法加强西沙和无居民岛屿管理，按照属地管理原则依法进行土地确权登记。科学选划发展海洋经济集约用海区域，引导海洋产业相对集聚发展。"

　　距离上述两个文件出台不到 5 年的时间，国务院在 2014 年 8 月又出台了一个文件《关于促进旅游业改革发展的若干意见》，其中单独列了"优化土地利用政策"条款，提出"坚持节约集约用地，按照土地利用总体规划、城乡规划安排旅游用地的规模和布局，严格控制旅游设施建设占用耕地。改革完善旅游用地管理制度，推动土地差别化管理与引导旅游供给结构调整相结合。编制和调整土地利用总体规划、城乡规划和海洋功能区规划时，要充分考虑相关旅游项目、设施的空间布局和建设用地要求，规范用海及海岸线占用。年度土地供应要适当增加旅游业发展用地。进一步细化利用荒地、荒坡、荒滩、垃圾场、废弃矿山、边远海岛和石漠化土地开发旅游项目的支持措施。在符合规划和用途管制的前提下，鼓励农村集体经济组织依法以集体经营性建设用地使用权入股、联营等形式与其他单位、个人共同开办旅游企业，修建旅游设施涉及改变土地用途的，依法办理用地审批手续"。

　　在国务院办公厅出台的一些文件中也涉及旅游业用地政策，如 2013 年 2 月国务院办公厅印发的《国民旅游休闲纲要（2013—2020 年）》提出："城乡规划要统筹考虑旅游休闲场地和设施用地，优化布局。"2015 年 8 月国务院办公厅印发的《关于进一步促进旅游投资和消费的若干意见》，单独列了一条"落实差别化旅游业用地用海用岛政策"，提出："对投资大、发展前景好的旅游重点项目，要优先安排、优先落实土地和围填海计划指标。新增建设用地指标优先安排给中西部地区，支持中西部地区利用荒山、荒坡、荒滩、垃圾场、废弃矿山、石漠化土地开发旅游项目。对近海旅游娱乐、浴场等亲水空间开发以优先保障。"在相关条款中还提出"鼓励民间资本依法使用农民集体所有的土地举办非营利性乡村养老机构"。

　　除此之外，2013 年《中华人民共和国旅游法》颁布实施，其中有两个条款直接涉及用地问题。第三章第十九条提出，"旅游发展规划应当与土地利用总体规划、城乡规划、环境保护规划以及其他自然资源和文物等人文资源的保护和利用规划相衔接"。第三章第二十条提出，"各级人民政府编制土地利用总体规划、城乡规划，应当充分考虑相关旅游项目、设施的空间布局和建设用地要求"。

　　在这一时间段，土地政策法规也有新的变化。2004 年，国务院出台《关于深化改革严格土地管理的决定》第十条提出，"改革和完善宅基地审批制度，加强农村宅基地管理，禁止城镇居民在农村购置宅基地"。第十八条提出"继续停止高档别墅类房地产、高尔夫球场等用地的审批"。对旅游业用地实质上形成了限制。《城市房地产管理法》经过 2007 年、2009 年两次修正，涉及旅游业用地的条款没有变化。在城市用地分类与规划建设用地标准方面，2010 年 12 月，住建部发布了修订后的新标准，采用的依然是三级分类，和旅游业用地最相关的用地，除了和旧标准一致的"旅馆用地""文物古迹用地""公园绿地"等小类外，还有"康体用地"小类中提到的赛马场、高尔夫球场、跳伞场等用地。

（三）出台专门的旅游业用地政策（2015 年以来）

2015 年 11 月，自然资源部、文旅部联合出台《关于支持旅游业发展用地政策的意见》，这是在旅游业用地政策演变进程中特别重要的一个文件，也是到目前为止唯一一个以旅游业用地为主题、对旅游业发展用地政策进行系统规定的中央层面的文件。该文件共分三个部分，提出了保障旅游业发展用地的多个举措，明确了乡村旅游、自驾车房车营地、邮轮游艇、文化研学等旅游新业态用地政策，强调了确权登记、规划前置等服务监管措施，是我国首个对旅游业发展用地做出系统安排的政策文件，对于新时期旅游业用地具有重要指导意义。

值得注意的是，该文件多处提到"旅游业用地"一词，但是没有做出界定，同时并存的还有"旅游业发展用地"和"旅游产业用地"。从文件内容来看，提到的旅游业用地包括建设用地和未利用地、景观用地和服务设施用地以及自驾车房车营地用地等不同类型。

该文件的政策要点如表 2－1 所示。

表 2-1　《关于支持旅游业发展用地政策的意见》政策要点

政策分类	政策要点
土地供应	有效落实旅游重点项目新增建设用地，加强规划衔接，及时安排新增建设用地计划指标
	支持使用未利用地、废弃地、边远海岛等土地建设旅游项目，优先安排新增建设用地计划指标，出让底价可按不低于土地取得成本、土地前期开发成本和按规定应收取相关费用之和的原则确定
	加大旅游厕所用地保障力度，各地专项安排新增建设用地计划指标。符合《划拨用地目录》的粪便处理设施，可以划拨方式供应
	加大旅游扶贫用地保障
	旅游相关建设项目用地中，用途单一且符合法定划拨范围的，可以划拨方式供应；用途混合且包括经营性用途的，应当采取招标、拍卖、挂牌方式供应

政策分类	政策要点
地类管理	属于自然景观用地及农牧渔业种植、养殖用地的，不征收（收回）、不转用
	影视城、仿古城等人造景观用地按《城市用地分类与规划建设用地标准》的"娱乐康体用地"办理规划手续，土地供应方式、价格、使用年限依法按旅游用地确定
	景区内建设亭、台、栈道、厕所、步道、索道缆车等设施用地，可按《城市用地分类与规划建设用地标准》"其他建设用地"办理规划手续，参照公园用途办理土地供应手续
乡村旅游用地	农村集体经济组织可以依法使用建设用地自办或以土地使用权入股、联营等方式与其他单位和个人共同举办住宿、餐饮、停车场等旅游接待服务企业
	依据各省、自治区、直辖市制定的管理办法，城镇和乡村居民可以利用自有住宅或者其他条件依法从事旅游经营
	农村集体经济组织以外的单位和个人，可依法通过承包经营流转的方式，使用农民集体所有的农用地、未利用地，从事与旅游相关的种植业、林业、畜牧业和渔业生产
	支持通过开展城乡建设用地增减挂钩试点，优化农村建设用地布局，建设旅游设施
旅游新业态用地	加快制定自驾车房车营地建设规划和建设标准，自驾车房车营地项目土地用途按旅馆用地管理，按旅游用地确定供应底价、供应方式和使用年限
	现有码头增设邮轮、游艇停泊功能的，可保持现有土地权利类型不变；利用现有码头设施用地、房产增设住宿、餐饮、娱乐等商业服务设施的，经批准可以协议方式办理用地手续
	利用现有文化遗产、大型公共设施、知名院校、科研机构、工矿企业、大型农场开展文化、研学旅游活动，在符合规划、不改变土地用途的前提下，上述机构土地权利人利用现有房产兴办住宿、餐饮等旅游接待设施的，可保持原土地用途、权利类型不变
土地出让	严禁以任何名义和方式出让或变相出让风景名胜区资源及其景区土地
	规范土地供应行为，以协议方式供应土地的，出让金不得低于按国家规定所确定的最低价
土地利用管理	严格旅游项目配套商品住宅管理，因旅游项目配套安排商品住宅要求修改土地利用总体规划、城乡规划的，不得批准
	严格相关旅游设施用地改变用途管理，土地供应合同中应明确约定，整宗或部分改变用途，用于商品住宅等其他经营项目的，应由政府收回，重新依法供应

在上述文件出台之后，又有多个文件涉及旅游业用地政策问题，这也说明旅游业用地问题越来越受到国家重视。例如，在 2016 年 11 月国务院办公厅出

台的《关于进一步扩大旅游文化体育健康养老教育培训等领域消费的意见》多
处提到旅游业用地相关政策，2016 年 12 月国务院印发的《"十三五"旅游业发
展规划》中，专门就"完善土地供给政策"做了阐述。

　　由于旅游业与很多行业领域相关，特别是随着乡村旅游的快速发展，农村
农业领域很多文件都会提到旅游业用地问题。如 2015 年 12 月国务院办公厅印
发的《关于推进农村一二三产业融合发展的指导意见》、2016 年 7 月农业农村
部等 14 部委出台的《关于大力发展休闲农业的指导意见》、2016 年 12 月中共
中央和国务院出台的《关于深入推进农业供给侧结构性改革加快培育农业农村
发展新动能的若干意见》等众多文件均涉及旅游业用地问题。

　　2015 年以来国家层面文件有关旅游业用地的政策要点如表 2－2 所示。

表 2-2　2015 年 10 月以来旅游业用地政策相关文件

发布时间	文件出处	土地政策内容
2015 年 12 月	国务院办公厅关于推进农村一二三产业融合发展的指导意见	优化农村市场环境，鼓励各类社会资本投向农业农村，发展适合企业化经营的现代种养业，利用农村"四荒"（荒山、荒沟、荒丘、荒滩）资源发展多种经营，开展农业环境治理、农田水利建设和生态修复。国家相关扶持政策对各类社会资本投资项目同等对待。对社会资本投资建设连片面积达到一定规模的高标准农田、生态公益林等，允许在符合土地管理法律法规和土地利用总体规划、依法办理建设用地审批手续、坚持节约集约用地的前提下，利用一定比例的土地开发观光和休闲度假旅游、加工流通等经营活动。完善休闲农业和乡村旅游道路、供电、供水、停车场、观景台、游客接待中心等配套设施
2016 年 7 月	农业农村部、发展改革委、财政部、自然资源部、文旅部、人民银行、国家乡村振兴局等 14 部委《关于大力发展休闲农业的指导意见》	积极推进"多规合一"，注重休闲农业专项规划与当地经济社会发展规划、城乡规划、土地利用规划、易地扶贫搬迁规划等的有效衔接。依托休闲农业点（村、园）、乡村旅游区建设搬迁安置区，着力解决易地扶贫搬迁群众的就业脱贫问题。支持有条件的地方通过盘活农村闲置房屋、集体建设用地、开展城乡建设用地增减挂钩试点、"四荒地"、可用林场和水面、边远海岛等资产资源发展休闲农业。鼓励各地将休闲农业和乡村旅游项目建设用地纳入土地利用总体规划和年度计划合理安排。在符合相关规划的前提下，农村集体经济组织可以依法使用建设用地自办或以土地使用权入股、联营等方式与其他单位和个人共同举办住宿、餐饮、停车场等休闲旅游接待服务企业。国土部门负责落实休闲农业和乡村旅游用地政策

发布时间	文件出处	土地政策内容
2016 年 8 月	自然资源部关于建立健全产业供地指标差别化配置办法促进旅游产业供给侧结构性改革的建议复文摘要	一、关于土地利用计划指标 近年来，我部在编制下达全国土地利用计划时，统筹考虑各地旅游产业发展等情况，合理安排各省区市用地计划指标，并明确要求各地充分发挥土地计划的引导调控作用，积极服务供给侧结构性改革，围绕培育新经济增长点，保障养老、旅游等产业和大众创业、万众创新发展用地，鼓励使用未利用地建设旅游项目，切实支持旅游等现代服务业发展。按照《国务院关于深化改革严格土地管理的决定》有关规定，土地利用计划实行分级管理，国家只预留国务院及有关部门批准的独立选址建设项目用地指标，其余用地指标全部下达地方，由各省区市统筹安排。如重大旅游项目纳入国家规划，并由国家有关部门批准，可按规定使用预留国家计划指标。同时，今后我部在编制下达全国土地利用计划时，将充分考虑旅游业发展实际，合理安排用地计划指标，并指导各地优先保障旅游项目建设用地，加快推进旅游等现代服务业发展 二、关于重大旅游项目单独选址建设 依据《土地管理法》规定，能源、交通、水利、矿山、军事设施等建设项目，确实必要的情况下，可以在土地利用总体规划确定的城市建设用地范围外选址建设，作为单独选址建设项目报批；其他项目原则上都应该在城市建设用地范围内选址建设。为支持旅游业发展，对于旅游项目确实选址在规划确定的城镇建设用地范围外的，其中的旅游设施等建设用地可按单独选址项目报批用地 三、关于落实旅游业差别化土地管理政策 为支持旅游业健康有序发展，我部会同有关部门出台了《关于支持旅游业发展用地政策的意见》，提出对旅游项目属于自然景观用地及农牧渔业种植、养殖用地的，实行不征收（收回）、不转用、按现用途管理的政策。因此，对不涉及土地用途改变、权利转换的，相关利益主体可按照有关法律法规的规定执行

发布时间	文件出处	土地政策内容
2016 年 8 月	自然资源部办公厅关于印发《产业用地政策实施工作指引》的通知	根据现行土地管理法律法规和《关于支持旅游业发展用地政策的意见》，土地利用总体规划确定的城镇建设用地规模边界外的旅游项目中的自然景观用地及农牧渔业种植、养殖用地，可按原地类认定和管理对社区养老（医疗、体育、文化）服务设施、电影院（影厅）、旅游厕所等布点分散、单体规模小、对其他建筑物构筑物有密切依附关系的产业配套设施，允许在新供其他建设项目用地时，将其建设要求纳入供地条件 旅游相关建设项目中的人造景观用地应根据具体行业市场经营情况，客观评估确定供应底价 依据《旅游法》规定和各省（区、市）制定的管理办法，乡村居民可以利用自有住宅或者其他条件依法从事旅游经营
2016 年 11 月	国务院办公厅关于进一步扩大旅游文化体育健康养老教育培训等领域消费的意见	加快研究出台旅居车营地用地政策 支持实体书店融入文化旅游、创意设计、商贸物流等相关行业发展，建设成为集阅读学习、展示交流、聚会休闲、创意生活等功能于一体、布局合理的复合式文化场所 支持整合改造闲置社会资源发展养老服务机构，将城镇中废弃工厂、事业单位改制后腾出的办公用房、转型中的公办培训中心和疗养院等，整合改造成养老服务设施
2016 年 12 月	中共中央　国务院 关于深入推进农业供给侧结构性改革加快培育农业农村发展新动能的若干意见	允许通过村庄整治、宅基地整理等节约的建设用地采取入股、联营等方式，重点支持乡村休闲旅游养老等产业和农村三产融合发展，严禁违法违规开发房地产或建私人庄园会所
2016 年 12 月	"十三五"旅游业发展规划	完善土地供给政策。在土地利用总体规划和城乡规划中统筹考虑旅游产业发展需求，合理安排旅游用地布局。在年度土地供应中合理安排旅游业发展用地。优先保障纳入国家规划和建设计划的重点旅游项目用地和旅游扶贫地。对使用荒山、荒坡、荒滩及石漠化、边远海岛土地建设的旅游项目，优先安排新增建设用地计划指标。农村集体经济组织可以依

发布时间	文件出处	土地政策内容
		法使用建设用地自办或以土地使用权入股、联营等方式开办旅游企业。城乡居民可以利用自有住宅依法从事旅游经营，农村集体经济组织以外的单位和个人可依法通过承包经营流转的方式，使用农民集体所有的农用地、未利用地，从事与旅游相关的种植业、养殖业
2017 年 12 月	中共中央办公厅 国务院办公厅印发《关于支持深度贫困地区脱贫攻坚的实施意见》	旅游项目中的自然景观及为观景提供便利的观景台、栈道等非永久性附属设施占用除永久基本农田以外的农用地，在不破坏生态、景观环境和不影响地质安全的前提下，可不征收（收回）、不转用，按现用途管理 完善耕地保护措施。支持深度贫困地区因地制宜保护耕地，允许在不破坏耕作层的前提下，对农业生产结构进行优化调整，仍按耕地管理
2017 年 12 月	自然资源部《关于深入推进农业供给侧结构性改革做好农村产业融合发展用地保障的通知》	各地区在编制和实施土地利用总体规划中，要适应现代农业和农村产业融合发展需要，优先安排农村基础设施和公共服务用地，乡（镇）土地利用总体规划可以预留少量（不超过 5%）规划建设用地指标，用于零星分散的单独选址农业设施、乡村旅游设施等建设 对利用存量建设用地进行农产品加工、农产品冷链、物流仓储、产地批发市场等项目建设或用于小微创业园、休闲农业、乡村旅游、农村电商等农村二三产业的市、县，可给予新增建设用地计划指标奖励 鼓励土地复合利用。围绕农业增效和农民增收，因地制宜保护耕地，允许在不破坏耕作层的前提下，对农业生产结构进行优化调整，仍按耕地管理。鼓励农业生产和村庄建设等用地复合利用，发展休闲农业、乡村旅游、农业教育、农业科普、农事体验等产业，拓展土地使用功能，提高土地节约集约利用水平。在充分保障农民宅基地用益物权、防止外部资本侵占控制的前提下，探索农村集体经济组织以出租、合作等方式盘活利用空闲农房及宅基地，按照规划要求和用地标准，改造建设民宿民俗、创意办公、休闲农业、乡村旅游等农业农村体验活动场所

续表

发布时间	文件出处	土地政策内容
2018 年 1 月	中共中央 国务院关于实施乡村振兴战略的意见	深化农村土地制度改革。系统总结农村土地征收、集体经营性建设用地入市、宅基地制度改革试点经验,逐步扩大试点,加快土地管理法修改,完善农村土地利用管理政策体系。扎实推进房地一体的农村集体建设用地和宅基地使用权确权登记颁证。完善农民闲置宅基地和闲置农房政策,探索宅基地所有权、资格权、使用权"三权分置",落实宅基地集体所有权,保障宅基地农户资格权和农民房屋财产权,适度放活宅基地和农民房屋使用权,不得违规违法买卖宅基地,严格实行土地用途管制,严格禁止下乡利用农村宅基地建设别墅大院和私人会馆。在符合土地利用总体规划前提下,允许县级政府通过村土地利用规划,调整优化村庄用地布局,有效利用农村零星分散的存量建设用地;预留部分规划建设用地指标用于单独选址的农业设施和休闲旅游设施等建设。对利用收储农村闲置建设用地发展农村新产业新业态的,给予新增建设用地指标奖励,进一步完善设施农用地政策
2018 年 3 月	国务院办公厅《关于促进全域旅游发展的指导意见》	强化旅游用地用海保障。将旅游发展所需用地纳入土地利用总体规划、城乡规划统筹安排,年度土地利用计划适当向旅游领域倾斜,适度扩大旅游产业用地供给,优先保障旅游重点项目和乡村旅游扶贫项目用地。鼓励通过开展城乡建设用地增减挂钩和工矿废弃地复垦利用试点的方式建设旅游项目。农村集体经济组织可依法使用建设用地自办或以土地使用权入股、联营等方式开办旅游企业。城乡居民可以利用自有住宅依法从事民宿等旅游经营。在不改变用地主体、规划条件的前提下,市场主体利用旧厂房、仓库提供符合全域旅游发展需要的旅游休闲服务的,可执行在五年内继续按原用途和土地权利类型使用土地的过渡期政策。在符合管控要求的前提下,合理有序安排旅游产业用海需求

发布时间	文件出处	土地政策内容
2018年4月	文化和旅游部等10部门关于印发内蒙古满洲里、广西防城港边境旅游试验区建设实施方案的通知	广西防城港边境旅游试验区建设实施方案：推动完善土地支持政策。试验区出台支持旅游业发展用地政策的实施意见或细则，土地利用年度计划指标安排向旅游项目倾斜。优先落实旅游重点项目用地指标，优先在城乡规划中落实旅游用地空间。根据旅游项目实施进度，合理安排用地指标支持重点旅游项目。完善乡村旅游用地机制，鼓励农村集体经济组织依法以集体土地使用权入股及联营等形式与其他单位、个人共同开办旅游企业。推动乡村旅游基础设施建设用地作为公共设施和公益事业用地
2018年7月	文化和旅游部《关于政协十三届全国委员会第一次会议第2663号（商贸旅游类113号)提案答复的函》	关于完善乡村旅游土地支持政策的建议。2015年11月，我部会同自然资源部联合印发《关于支持旅游业发展用地政策的意见》，就引导乡村旅游用地规范发展提出支持措施。2017年12月，自然资源部会同国家发展和改革委联合下发了《关于深入推进农业供给侧结构性改革做好农村产业融合发展用地保障的通知》，对发展乡村旅游用地进一步提供了政策支持。一是明确各地区在编制和实施土地利用总体规划中，优先安排农村基础设施和公共服务用地，乡（镇）土地利用总体规划可以预留少量（不超过5%）规划建设用地指标，用于零星分散的单独选址农业设施、乡村旅游设施等建设。二是明确安排一定比例年度土地利用计划，专项支持农村新产业新业态和产业融合发展。对利用存量建设用地用于小微创业园、休闲农业、乡村旅游、农村电商等农村二三产业的市、县，可给予新增建设用地计划指标奖励。三是明确鼓励农业生产和村庄建设等用地复合利用，发展休闲农业、乡村旅游、农业教育、农业科普、农事体验等产业。在充分保障农民宅基地用益物权、防止外部资本侵占控制的前提下，探索农村集体经济组织以出租、合作等方式盘活利用空闲农房及宅基地，按照规划要求和用地标准，改造建设民宿民俗、创意办公、休闲农业、乡村旅游等农业农村体验活动场所。下一步，我部将积极会商自然资源部、农业农村部等部委及相关金融机构研究您所提出在全国开展农村集体建设用地抵押融资等试点工作的建议

续表

发布时间	文件出处	土地政策内容
2018 年 9 月	中共中央、国务院《乡村振兴战略规划（2018－2022 年)》	鼓励各类社会主体参与生态保护修复，对集中连片开展生态修复达到一定规模的经营主体，允许在符合土地管理法律法规和土地利用总体规划、依法办理建设用地审批手续、坚持节约集约用地的前提下，利用 1%－3% 治理面积从事旅游、康养、体育、设施农业等产业开发
2018 年 10 月	国家发展和改革委、财政部、人力资源和社会保障部、自然资源部、生态环境部、自然资源部、交通运输部、农业农村部、文化和旅游部、国家卫生健康委、人民银行、市场监管总局、银保监会《促进乡村旅游发展提质升级行动方案》	加大对乡村旅游基础设施建设的用地支持。各地区在编制和实施土地利用总体规划中，乡（镇）土地利用总体规划可以预留少量（不超过 5%）规划建设用地指标，用于零星分散的单独选址乡村旅游设施等建设（地方有关部门，自然资源部、交通运输部、农业农村部按职责分工负责） 农村集体经济组织可以依法使用自有建设用地自办或以土地使用权入股、联营等方式与其他单位和个人共同参与乡村旅游基础设施建设（地方有关部门，自然资源部、农业农村部按职责分工负责） 对使用"四荒地"及石漠化、边远海岛建设的乡村旅游项目，优先安排新增建设用地计划指标，出让底价可按不低于土地取得成本、土地前期开发成本和按规定应收取相关费用之和的原则确定（地方有关部门，自然资源部、农业农村部按职责分工负责） 经市县发展改革住房和城乡建设、农业农村、文化和旅游等主管部门认定为仅在年度内特定旅游季节使用土地的乡村旅游停车设施，自然资源主管部门在相关设施不使用永久基本农田、不破坏生态与景观环境、不影响地质安全、不影响农业种植、不硬化地面、不建设永久设施的前提下，可不征收（收回）、不转用，按现用途管理。超出特定旅游季节未恢复原状的，由市县发展改革、住房和城乡建设、农业农村、文化和旅游等主管部门责令恢复原状（地方有关部门，自然资源部、发展改革委、农业农村部、文化和旅游部按职责分工负责）

发布时间	文件出处	土地政策内容
2018年11月	文化和旅游部、国家发展和改革委、工业和信息化部、财政部、人力资源和社会保障部、自然资源部、生态环境部、交通运输部《关于促进乡村旅游可持续发展的指导意见》	各地应将乡村旅游项目建设用地纳入国土空间规划和年度土地利用计划统筹安排。在符合生态环境保护要求和相关规划的前提下，鼓励各地按照相关规定，盘活农村闲置建设用地资源，开展城乡建设用地增减挂钩，优化建设用地结构和布局，促进休闲农业和乡村旅游发展，提高土地节约集约利用水平。鼓励通过流转等方式取得属于文物建筑的农民房屋及宅基地使用权，统一保护开发利用。在充分保障农民宅基地用益物权的前提下，探索农村集体经济组织以出租、入股、合作等方式盘活利用闲置宅基地和农房，按照规划要求和用地标准，改造建设乡村旅游接待和活动场所。支持历史遗留工矿废弃地再利用、荒滩等未利用土地开发乡村旅游（自然资源部、生态环境部、农业农村部按职责分工负责）

以上述政策内容为文本，可以运用 ROST CM6 工具进行文本分析。如表2-3 所示，从词频来看，用地、旅游、建设、土地、利用等词的频次最高。用地、旅游、土地等实际上规定了某条政策是否属于旅游业用地政策，因而必然出现频次较高。"利用""建设"等分别可和"土地""用地"一起构成"土地利用""建设用地"，出现频次也较高。值得注意的是，在高频词中和乡村相关的有多个词汇，如位居第 6 位的农业、第 7 位的农村、第 10 位的乡村、第 16 位的宅基地等，表明乡村旅游用地越来越成为政策关注的重点领域。其他如规划、发展、项目、设施、指标、计划等词，是政策文件的常用词。还要注意的是休闲一词词频位居第 13 位，部分反映了旅游发展的休闲化趋势。利用 ROST CM6 的标签云和语义网络分析功能可以更加直观地了解旅游业用地政策内容词频和词汇之间的关联，由图 2-1、图 2-2 可以看出，用地、旅游、建设、土地、利用等词构成了语义网络的一级节点，且彼此之间紧密关联，其中建设一词处于最核心的位置；规划、乡村、发展、农业、农村等词则构成了语义网络的二级节点，均有较高的连接度。

表 2-3　旅游业用地政策文件内容词频

词	频次	词	频次	词	频次
用地	83	项目	29	前提	14
旅游	77	设施	25	总体	14
建设	73	休闲	19	使用	13
土地	58	指标	18	鼓励	11
利用	51	计划	18	依法	11
农业	41	宅基地	17	部门	11
农村	39	政策	17	选址	11
规划	37	安排	16	国土	10
发展	35	城乡	15	经营	10
乡村	29	管理	14	保障	10

主体 乡村 从事 休闲 优先优化 住房 体验 使用 使用权供给 依法保护 保障允许 充分 入股 养老 农属 农村 农民分工 分散 创意 利用 前提 单位 单独 发展 各地 合理国土国家 土地 地区 地方 城乡 基础 宅基地安排完善年度 建设 开发 开展 总体 指标按照 探索 改革政策 文化 新增 旅游 旅游业明确 景观 服务法律 环境 现代 生态用于 用地 用途 盘活 确定 社会 符合 管理纳入 组织经营统筹 编制 耕地 职责 联营 自助 自有 自然资源 节约 落实 规划 规定 规模 计划 设施试点 资本 选址 部门重点 闲置 集体 集体经济零星 项目预留 鼓励

图 2-1　旅游业用地政策文件内容标签云

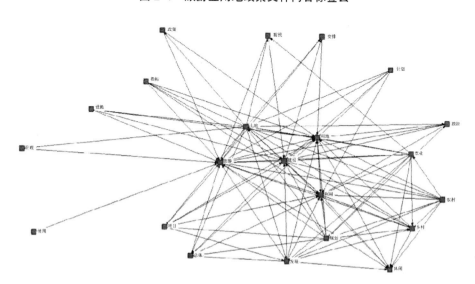

图 2-2　旅游业用地政策文件内容语义网络

二、地方层面对旅游业用地政策的探索

从地方层面来看，积极响应国家政策，不断探索创新做法。2012年，自然资源部会同文旅部，在全国旅游综合改革试点城市成都、秦皇岛、舟山、张家界、桂林配套开展了旅游业用地综合改革试点。与此同时，在海南农村集体土地产权制度改革、浙江低丘缓坡荒滩等未利用土地开发利用等专项土地制度改革试点中，也大量涉及了旅游业用地问题①。这些试点形成的经验，有些已经被吸收到国家有关旅游业用地政策当中。根据国家出台的有关旅游业用地政策，各地在近年出台的各种文件如旅游条例、促进旅游消费和投资的意见、促进乡村旅游发展的意见、"十三五"旅游业发展规划等当中，大多也针对旅游业用地提出了支持性的政策。

地方文件主要强调了国家政策的相关内容，特别集中在规划对接、建设用地指标保障、旅游厕所等基础设施用地，房车和自驾车营地用地，利用农用地和未利用地发展旅游等方面，有的还制定了具体的落地举措。如2013年云南出台的《中共云南省委云南省人民政府关于建设旅游强省的意见》提出：在国家下达云南省的年度新增建设用地指标中每年预留1万亩（1亩=0.067公顷，全书同）用于省委、省政府确定的重大旅游项目建设；同年江西出台的《中共江西省委江西省人民政府关于推进旅游强省建设的意见》提出：优先保证纳入省旅游规划的重点项目用地，对符合单独选址条件、投资5亿元以上的重大旅游项目，支持按规定程序列入省重大项目调度会调度，优先安排使用省预留新增建设用地计划指标，并纳入审批绿色通道；2017年浙江出台的《浙江省全域旅游示范县（市、区）创建工作指南》附有一个认定条件评分表，在政策支持的125分中土地保障占20分。各地涌现出了很多新的旅游业用地做法和模式，如浙江湖州通过"点状供地"解决度假项目用地，"裸心谷"项目总用地380亩，其中30.45亩的建设用地全部为点状供地方式供应，其余水面、茶园、竹林等采用租用方式进行保障②；松阳则通过"征用+挂牌""征购+转移""收储+挂牌""收回+租赁""审批+修改"等模式较好地解决了乡村旅游土地流转问题③。

---

① 曾博伟. 旅游用地改革的路径和方向[J]. 旅游学刊，2017，32（08）：9—11.

② 浙江湖州在旅游发展用地改革上先行先试取得突破[EB/OL]. http://www.cnta.gov.cn/ztwz/lvyzs/jyjl/201703/t20170303_816483.html.

③ 方臻子等. 松阳实践样本：创新供地方式 激活乡村旅游[EB/OL]. http://zjnews.zjol.com.cn/zjnews/lsnews/201708/t20170830_4900428.shtml.

三、对我国旅游业用地政策的基本判断

（一）国家对旅游业用地政策越来越重视

旅游业用地政策是动态的范畴，一直在不断发展中。从国家层面出台的政策来看，涉及旅游业用地的政策文件越来越多，不仅旅游业发展相关文件中大多会提到用地保障问题，而且在农业发展、乡村振兴、文化建设等相关文件中也常涉及旅游业用地保障问题。从政策内容来看，从一两句话到一整段话，到2014 年出台的《国务院关于促进旅游业改革发展的若干意见》单独列出"优化土地利用政策"条款，对旅游业用地的保障越来越充分。尤其具有标志性意义的是，2015 年原国土资源部等三部门联合出台《关于支持旅游业发展用地政策的意见》，首次发文对旅游业用地做出了较为系统的安排。

（二）旅游业用地在法律和标准上缺少明确的界定

近些年我国土地法律法规以及标准经历了若干次修订，但是对旅游业用地一直没有明确的界定。前面提到，1998 年修订后的《中华人民共和国土地管理法》中明确提到"旅游用地"概念，并将其作为建设用地的一种。2019 年新修订的《土地管理法》仍然保留了这一条款。根据同一条款规定，"建设用地是指建设建筑物、构筑物的土地，包括城乡住宅和公共设施用地、工矿用地、交通水利设施用地、旅游用地、军事设施用地等"，这里将旅游用地作为建设用地的一类，显然和旅游业用地的实践不符。旅游业用地非常复杂，不是所有的旅游业用地都需要建设建筑物或构筑物。《中华人民共和国城市房地产管理法》规定："商业、旅游、娱乐和豪华住宅用地，有条件的，必须采取拍卖、招标方式；没有条件，不能采取拍卖、招标方式的，可以采取双方协议的方式。采取双方协议方式出让土地使用权的出让金不得低于按国家规定所确定的最低价。"在2019 年修订后该条款依然没有变化。《中华人民共和国物权法》规定："工业、商业、旅游、娱乐和商品住宅等经营性用地以及同一土地有两个以上意向用地者的，应当采取招标、拍卖等公开竞价的方式出让。"随着《中华人民共和国民法典》2021 年 1 月 1 日施行，《中华人民共和国物权法》废止，但上述条款在《中华人民共和国民法典》中予以保留，内容没有任何变化。《土地利用现状分类》新的国家标准（《土地利用现状分类 GB/T 21010－2017》）在 2017 年 11 月实施，对 2007 年相应版本进行了修改。和旅游业用地相关内容的修改主要有两个方面：一是将二级类"风景名胜设施用地"从一级类"公共管理与公共服务用地"调整到一级类"特殊用地"当中，并将其含义修改为"指风景名胜景点（包括名胜古迹、旅游景点、革命遗址、自然保护区、森林公园、地质公园、湿地公园等）的管理机构，以及旅游服务设施的建筑用地。景区内的其他用地按现状归入相应地类"。二是将原一级类"商服用地"下的二级类"住宿餐饮用地"细分为两个二级类"旅馆用地"和"餐饮用地"，并在"商服用地"下新增二级类"娱乐用地"，"指剧院、音乐厅、电影院、歌舞厅、网吧、影视城、仿古城以及绿地率小于65%的大型游乐等设施用地"。新国标考虑了一些旅游业用地形态，但是从总体上依然没有旅游业用地的分类，上面提到的几类用地也不能涵盖旅游业用地的全部。《关于支持旅游业发展用地政策的意见》提出了10多条政策，但是也没有对旅游业用地做出界定和分类。这种状况直接影响到旅游业用地政策的制定和实施，容易造成政策缺失、滞后和冲突等问题。

（三）旅游业用地政策创新力度不够

近些年出台的旅游业用地政策，相比以往的政策确实有所突破，但是和实践需求相比，仍然显得保守或滞后。如《关于支持旅游业发展用地政策的意见》提出旅游项目中属于自然景观用地及农牧渔业种植、养殖用地的按现用途管理，这在实践中已经是广为采用的做法，而有关自驾车房车营地项目土地用途按旅馆用地管理的规定，很多业界人士则表示不理解。正如有研究者提到的，"尽管国土部专家非常认可旅游用地的重要性，千方百计为旅游用地争取政策倾斜，《关于支持旅游业发展用地政策的意见》也确实提出了很多给予旅游业的特殊用地政策，而该文件出台后，各地的反响并不积极，很多地区感觉作用不大，甚至有些地区认为，没有这个文件还可做些突破，有了文件后就必须按照文件执行，旅游用地的难度反而增大了"[①]。

（四）旅游业用地政策可操作性较差

国家层面的政策很多是原则性、方向性的，不会特别具体。然而很多地方出台的政策文件也只是把国家出台的政策重复一遍，从国家到省市甚至县，都是"鼓励""支持""应当考虑""适当增加"，究竟怎么做、做到什么程度没有具体的措施，政策措施显得笼统、模糊，没有可操作性。如"编制土地利用总体规划、城乡规划，应当充分考虑相关旅游项目、设施的空间布局和建设用地要求"，这条政策业内人士普遍认为很重要，但究竟用什么样的机制去落实、怎

---

① 戴学锋. 从全面深化改革角度看旅游用地改革的重要性[J]. 旅游学刊，2017，32（07）：3－5.

样才算是真正落实,目前还没有特别好的做法。

(五) 旅游业用地政策执行尺度不一

旅游业用地政策执行尺度在不同地方和不同时间存在明显的差异。比如"大棚房"搞旅游接待的问题,有段时间火遍全国,很多地方都当作先进经验来推,但是这几年又严格禁止。再如"点状用地"政策,有的地方用得很好,而有的地方则很难执行。此外,在各地旅游业发展用地实践中,诸如未批先建、长期用临时建筑从事接待、以旅游之名行房地产之实等不规范、打政策擦边球甚至违规的现象较为普遍。究其原因,一方面固然是部分个体或主体的逐利行为所致,另一方面和旅游业用地政策的不到位也有关系。

(六) 大众旅游深入发展使得旅游业用地政策问题更加突出

新冠疫情之前,我国旅游业长期保持快速发展。自 2016 年政府工作报告提出"迎接正在兴起的大众旅游时代"以来,大众旅游持续发展,市场规模和产业规模持续扩大,个性化、多样化需求不断凸显,新产品、新业态层出不穷,这使得旅游业用地问题的难度和复杂性进一步增加:一是旅游项目数量和规模的扩张,对于用地指标需求增大,和总体上用地指标趋紧形成明显冲突。例如,有数据表明,"十二五"期间,海南旅游建设用地需求量占同期建设用地需求总量的 37.1%,云南旅游建设用地需求量占同期建设用地需求总量的 36%[1]。二是文化、科技和旅游相互赋能,旅游创业、创新、创意非常活跃,出现了很多新事物、新业态,大量非传统资源和非规划项目得到开发,对传统旅游业用地管理形成了持续的挑战。三是在"旅游+"理念的指导下,复合性旅游用地越来越多,对于这些类型的用地政策还需要进一步细化。四是旅游发展向乡村地区加速延伸,大量涉及农村存量房产、农用地、宅基地和农村集体建设用地的利用等问题,亟须加快农村集体土地制度改革。

---

① 曾博伟. 旅游用地改革的路径和方向[J]. 旅游学刊,2017,32(08):9—11.

第三章　旅游业用地政策的制定和实施

本章将结合理论分析和对政策制定参与人员的访谈，对旅游业用地政策的制定和实施做些探讨。

一、我国旅游业用地政策的类型

对于旅游业用地政策可以从不同角度进行分类。当我们考虑政策的制定和实施时，从以下几个角度做些讨论是有益的。

一是法律和政策的区分。虽然法律和政策具有密切关系，但是二者的制定主体、制定程序和执行要求是有很大差别的。在我国立法权属于人大，法律的制定往往需要较长的周期，其执行具有强制性和普适性。而政策一般是指国家政权机关、政党组织和其他社会政治集团为了实现自己所代表的阶级、阶层的利益与意志，以权威形式标准化地规定在一定的历史时期内，应该达到的奋斗目标、遵循的行动原则、完成的明确任务、实行的工作方式、采取的一般步骤和具体措施①。和法律相比，政策在强制性、普适性以及有效期限等方面往往要弱一些，但相对更加灵活。至于法规，它是介于政策和法律之间的一种制度安排。法律法规和政策之间具有内在的紧密联系，法律法规体现政策，政策向法律法规转化，法律法规具有更强的稳定性和可预期性，而政策指导着特定时期的历史任务，二者相得益彰。②但实际上，不仅政策可能向法律法规转化，而且在法律法规一旦确立下来之后，也可以从法律法规延伸拓展出具体政策。在黄贤金主编的《土地政策学》一书中③，就将法律性土地政策和法规性土地政策纳入土地政策当中。本研究以政策研究为主，但是兼顾对相关法律法规的分析。

二是专项政策和综合性政策的区分。这里所说的专项政策是指专门就旅游

---

① 刘腾飞. 论社会技术哲学视域中的政策与决策[J]. 法制与社会，2008（11）（上）：237-238.
② 周祖成，万方亮. 党的政策与国家法律 70 年关系的发展历程[J]. 现代法学，2019（06）：28-39.
③ 黄贤金. 土地政策学：第四版[M]. 北京：中国农业出版社，2014：29.

业用地做出制度安排的文件，综合性政策是指对相关领域进行制度安排时涉及旅游业用地。我国关于旅游业用地的专项政策数量相对较少，从国家层面来看，最主要的就是《关于支持旅游业发展用地政策的意见》。另外，2018 年 1 月自然资源部等发出的《关于延长旅游厕所用地政策适用期限的函》也算是一个旅游业用地方面的专项政策。更多的是在旅游业发展、农业发展、土地规划利用等相关文件中提出有关旅游业用地的条款。本研究在讨论旅游业用地政策内容时将综合性政策考虑在内，但在探讨旅游业用地政策制定和实施时重点针对专项政策。

三是国家层面不同层次的政策以及地方层面政策的区分。由于我国土地制度的特殊性，土地政策的制定权主要集中在国家层面，因此本研究的重点是国家层面的土地政策。但是国家层面的政策又可以分为不同层次，最高级别的是中共中央、国务院出台的文件，第二是中共中央办公厅、国务院办公厅出台或转发的文件，第三是多部委联合出台的文件，第四是主管部门自己出台的文件，第五是主管部门办公厅和其他司室出台的文件。这些文件都是全国性的政策，但是权威性依次递减。此外，在国家层面政策的框架下，近年来各地也出台了一些配套的或探索性的文件，它们也属于本研究的范畴。

四是约束性政策和鼓励性政策的区分。在旅游业用地政策中，有些政策是约束性的，主要是为了规范某些不当行为，如高尔夫球场、主题公园的规范用地；有些政策则是鼓励性的，主要是对符合经济社会发展方向、有利于经济社会发展全局的行为予以支持，如利用"四荒地"发展旅游。约束性政策和鼓励性政策可以分别制定，也可能存在同一个政策文件当中。

二、我国旅游业用地政策的制定

在黄贤金主编的《土地政策学》一书中[①]，将土地政策制定程序总结为提出问题、确定目标、设计方案、论证方案、选择方案、政策决策等程序。在实践中，政策制定并非总是严格按照上述程序进行的，有时候会省略或者合并一些程序，有时候会重复一些程序。

（一）政策需求的提出

为什么会提出制定一项政策？从根本上说是经济社会发展的需要，具体到

---

① 黄贤金. 土地政策学：第四版[M]. 北京：中国农业出版社，2014：42－47.

旅游业用地政策来说，是旅游业发展的需要。当旅游业发展受到土地因素制约或者旅游业发展影响到土地利用时，就必须对旅游业用地做出新的制度安排。从实际情况来看，一项政策需求的提出还可能受到某些现实因素的影响。从我国旅游业用地政策制定的情况来看，这些因素主要有：领导的指示，某个更高级别文件的规定，政协提案，相关主管部门自身调研发现的问题，行业协会、骨干企业和企业家、投资商、专家、知名人士的提议，社会公众的呼声等。在很多情况下，政策诉求可能受到多种因素的叠加影响和多种因素的相互影响。

（二）政策出台的过程

一项政策的出台，首先要从政策需求转化为主管部门的行政意志，变成一项工作任务。为什么前面指出从根本上说是旅游业发展的需要催生了旅游业用地政策需求，但是在现实中又受很多其他因素影响呢？这是因为旅游业发展的需要本身并不能自动反映到主管部门的意识当中，而必须是主管部门的人员去发现它，或者其他人发现后通过各种渠道传递给主管部门的人员。在各种相关因素中，更高级别领导的指示或某个更高级别文件的规定通常可以直接推动政策的制定，而各方面机构和人士的提议以及社会公众的呼声则往往很难直接变成主管部门制定政策的动力。

当政策诉求传递到主管部门时，在主管部门内部还存在一个任务传递的过程，有可能一开始是从下而上的，但最终是从上而下进行任务安排和分解的，政策的制定会落实到一个或几个具体的部门，由他们去起草政策文件的初稿。具体部门在起草文件的过程中通常需要进行大范围的调研和意见征集，有时候还会通过交办或委托课题的方式来利用外部智力。政策起草的过程就是一个政策研究与成型的过程，设计方案、论证方案、选择方案主要在这一过程，并且可能多次反复。初稿形成后就会逐级报上去，并在此过程中再次充分征求各方面的意见，不断修改完善，最终形成报批稿由发布机关负责人决策发布与否，政策的出台意味着政策制度化的完成。当前政策的出台越来越重视社会反响，强调问计于民，因而在政策出台的过程中，有时候还会通过网络等方式面向社会公开征集意见。如文化和旅游部在制定《"十四五"文化和旅游发展规划》以及《"十四五"旅游业发展规划》的过程中，均进行了社会意见公开征集。

（三）政策制定的主体

从理论上说，政府部门、企业、投资商、中介组织、专家、村集体、当地居民、社会公众等均可以参与到政策制定当中。但从实际情况来看，我国旅游业用地政策制定的主体主要是主管部门相关人员和专家，其他机构和人士的意见更多的是间接影响政策的制定，而不是直接参与政策的制定。有时候会有企业人士进入政策起草组，但通常也是因为该企业或该人士在相关领域比较擅长，更接近于专家的身份而不是企业利益的代表。虽然主管部门相关人员和专家会考虑到各种利益主体的诉求，但是他们也会有自己的利益诉求或者"偏见"，我们很难假设他们都是全知、无私的，因而在这种情况下，有些群体的利益就会被漠视甚至被损害，特别是那些话语权较小、存在感较弱的群体，比如说小微企业和普通村民。我们经常可以发现，在乡村旅游业用地政策制定过程中，普通村民的意见往往被社会精英代表了。正因为如此，很多政策在出台之后并不能取得预期的效果，企业和老百姓对政策普遍无感。后文还会提及，有的旅游投资运营商在接受课题组访谈时明确提出来，希望能够有企业参与政策制定。

三、我国旅游业用地政策的实施

（一）从国家意志变为地方行动指南

政策的实施过程就是从文件条款变成行为约束和指引的过程。一项国家层面的政策，通常需要经过两个方面的转化才能完成实施过程。

一是从宏观的、指导性的政策变成具体的、可操作性的政策。虽然在政策制定时就要充分考虑政策的可操作性，但对于国家层面的政策来说，有时很难事无巨细地一一罗列。不仅是因为政策制定时无法预知政策实施所有可能的情形，还要考虑到各地情况不同而政策实施需要因地制宜的问题。为解决上述问题，可以从国家层面出台实施细则，比如有时国务院出台文件之后，国务院办公厅就会出台相应的实施细则；也可以由地方制定配套实施文件，但这样的文件必须在国家层面允许的框架之内。由于土地政策的特殊性，地方政府创新空间有限，前面第二章提到，很多地方虽然也提出了自己的旅游业用地政策，但是却停留在对国家层面政策的套用上，没有或者不敢对国家层面政策进行变动。

二是从纸面上的规定变成相关主体的行为。首先，政府是由不同部门组成的，政策需要变成部门工作手段。比如，虽然是由自然资源部牵头出台的文件，但是它只是部门工作开展的间接依据，自然资源部在产业用地政策方面还专门出台了《产业用地政策实施工作指引》，这才是部门工作开展的直接依据。在《产业用地政策实施工作指引》（2019 年版）中，有多处提到旅游业用地，除了《关于支持旅游业发展用地政策的意见》，还援引了《促进乡村旅游发展提质升级行动方案（2018－2020 年）》等其他文件。其次，不管有没有出台实施细则或配套文件，文件的落实最终还需要依赖于基层地方政府部门的执行，即使某项权力可能属于更高层次的政府乃至国务院。虽然政策条款越具体，留给执行部门和人员的操作空间越小，但要想完全避免操作的可能性非常困难。这样，在政策实施过程中，就必然因为存在对政策的不同理解或其他人为干涉（比如领导的态度等）从而导致政策执行方面的差异，有的地方执行比较严格，有的地方比较宽松。如本课题组在调研时发现，针对小木屋建设和"点状供地"，海南、浙江等省份管理比较宽松，其他省份则要严格一些。

（二）监督检查与评估

黄贤金（2014）认为①，土地政策执行的监督和检查是政策执行过程中的一个重要的保障环节，也是提高政策水平的一项重要措施。从广义上说，政策的监督检查和评估包括各相关主体对政策内容及实施的认知和评价；从狭义上说，政策的监督检查和评估着重指责任部门对政策实施范围、进度、程度、效果等的检查和评估。在很多时候，政策执行的最终责任部门就是政策出台的部门，不过这种监督检查特别是评估也可能委托第三方进行，尤其是在政策执行中期和结束的时候。由于政策执行中难免存在操作空间、难以避开人为因素，所谓"上有政策，下有对策"，通过严格的监督检查可以增强政策的时效性和权威性。

从旅游业用地政策实践来看，政策的监督检查和评估还是一个比较薄弱的环节，无论是国家层面还是地方层面，都是重政策制定、轻政策执行。比如《关于支持旅游业发展用地政策的意见》，从出台伊始就受到社会广泛关注，但直到2020年11月有效期截止，一直没有进行过全面的评估。虽然从理论上说，政策监督检查与评估是从政策出台开始就要进行的工作，但对于最终责任部门比如中央部委来说，出于可操作性，它可能只会选择一些特殊时期比如政策执行中期和结束时期进行检查评估，日常的监督检查和评估则由地方政府部门进行。在这种背景下，监督检查和评估可能流于形式或让步于地方政绩，政策执行有时就可能出现大面积走样的情况，比如大棚房、山村别墅的泛滥等问题均是如此，而一旦开始严格监督检查和纠正，可能就会给众多跟风者造成损失，在业内引起很大的震动。

此外还需要注意的是，和约束性政策相比，鼓励性政策往往由于缺少可操作性措施以及各地具备的条件不同，执行可能更加困难。比如政策鼓励利用"四荒地"发展旅游，但究竟如何鼓励不得而知，也就难以执行。

---

① 黄贤金. 土地政策学：第四版[M]. 北京：中国农业出版社，2014：50－51.

（三）政策调整

通过对政策的监督检查和评估，既可以发现政策执行中出现的不力或走样问题，也可以发现政策本身存在的一些问题。与此同时，在政策执行过程中，各种利益相关主体也会对政策内容及执行情况做一些反馈。根据存在的问题，政策责任部门可以做出对政策内容及执行尺度进行调整的决策。为保持政策的严肃性和稳定性，在大多数情况下，一般不会在政策有效期内对其进行大幅度修改，而只会在既有政策框架下做一些微调，包括对执行尺度做些调整。

为了降低政策失效或走样的风险，选择一些地区进行先行试点是当前政策制定和执行的常用手段。通过对试点地区的考察，全面了解政策实施障碍和效果，从而可以在政策全面推广之前进行修改完善，甚至转而探索新的政策。如在《关于支持旅游业发展用地政策的意见》出台之前，自然资源部门和文旅部门已经选择了多个地区进行旅游业用地政策创新试点。

四、关于《关于支持旅游业发展用地政策的意见》制定和实施的访谈

《关于支持旅游业发展用地政策的意见》是由原国土资源部、原住房和城乡建设部、原国家旅游局三个中央部委联合出台的文件，是关于旅游业发展用地政策的一个专门的、较为系统的文件。为了更加了解我国旅游业用地政策制定和实施机制，本课题组重点对参与该文件起草的两位核心人员进行了访谈。一位是文旅部（原国家旅游局）工作人员 H，另一位是自然资源部（原国土资源部）工作人员 K，他们均担任一定领导职务，参与了政策出台的全过程。访谈的方式以结构化访谈为主，事先确定了访谈的大纲，明确要访谈的基本内容，但是在访谈过程中根据访谈对象的回答意愿有所拓展。访谈时间分别为 2019 年 11 月 6 日和 2020 年 3 月 10 日。

（一）政策的制定

1. 政策制定背景

在政策制定的背景方面，H 和 K 都提到了《国务院关于促进旅游业改革发展的若干意见》，这个文件就是《关于支持旅游业发展用地政策的意见》制定最直接的一个依据。该文件在保障措施中单独列了一条"优化土地利用政策"，用

一整段 300 余字阐述了旅游业用地政策，这个政策支持力度是前所未有的。为了落实该文件，2014 年 12 月国务院办公厅又印发了《国务院关于促进旅游业改革发展的若干意见》任务分解表，其中"进一步细化利用荒地、荒坡、荒滩、垃圾场、废弃矿山、边远海岛和石漠化土地开发旅游项目的支持措施"和"鼓励农村集体经济组织依法以集体经营性建设用地使用权入股、联营等形式与其他单位、个人共同开办旅游企业，修建旅游设施涉及改变土地用途的，依法办理用地审批手续"两项任务，明确由自然资源部、文旅部等承担，2015 年 6 月底前出台具体措施。由此可见，《关于支持旅游业发展用地政策的意见》实际上是落实《国务院关于促进旅游业改革发展的若干意见》的一项具体举措。

　　Q：《国务院关于促进旅游业改革发展的若干意见》出台的时候有没有具体的要求，比如说领导批示、指示之类，这得有依据吧？

　　K：具体要求吗？

　　Q：比如说有的时候是人大的提案或者领导的批示。

　　K：在这个文件之前，有一个国务院的文件。

　　Q：是《国务院关于促进旅游业改革发展的若干意见》，对吗？

　　K：对，紧接着国办还有一个文件，其中明确了把旅游用地作为一项任务布置下来，布置给我们和住建部门、文旅部门，然后我们部根据文件要求，牵头做了这个文件。

　　（自然资源部工作人员 K，2020 年 3 月 10 日）

　　H 还提到第二个背景，就是自然资源部门当时在推差别化用地政策改革，就是想支持不同行业不同产业的发展。对于旅游业来说，当时在全国选择了桂林、秦皇岛等几个旅游综合改革试点城市开展一些土地政策的改革试点。《国务院关于促进旅游业改革发展的若干意见》在很大程度上也是在这个改革试点基础上出台的支持旅游业发展的土地政策意见。

　　文旅部曾经组织人员就《国务院关于促进旅游业改革发展的若干意见》撰写解读文章汇编成书出版，其中对政策背景也进行了介绍。该书指出，《国务院关于促进旅游业改革发展的若干意见》的出台是贯彻落实党中央、国务院大力发展旅游业的要求，其中也提到《国务院关于促进旅游业改革发展的若干意见》和《国务院办公厅关于进一步促进旅游投资和消费的若干意见》两个文件，可以和上述访谈相互印证。除此之外，该书还提到，《国务院关于促进旅游业改革发展的若干意见》的出台也是促进旅游业改革发展的客观需要以及认识新常态、履行职责新定位的积极作为①。这是从更加宏观的背景来说的，不是《国务院关于促进旅游业改革发展的若干意见》出台的直接原因。

2. 政策制定程序

《国务院关于促进旅游业改革发展的若干意见》任务分解表中将旅游业用地政策支持明确由自然资源部、文旅部等承担，自然资源部排在前面，意味着其是牵头单位。事实上，H 和 K 在接受访谈时也均表示，文件起草是自然资源部主导，联合文旅部来做。

关于政策制定程序，H 回复说：

这个文件实际上是由自然资源部主导，同时，也是跟我们文旅部一起来做，最初牵头制定这个文件的是自然资源部的改革司。然后，由他们改革司跟我们的政法司一起做，因为土地政策涉及很多方面的内容，又把这项工作放到了自然资源部的土地利用司，由它牵头来做。具体的过程就是出台初稿以后，各相关部门征求意见。但这个文件的一些主要内容是由自然资源部的土地政策利用中心起草并推动的，实际上最后也都是各司的意见。

（文旅部工作人员 H，2019 年 11 月 6 日）

K 提到了一些更具体的细节，比如自然资源部门事实上对于旅游业有些情况并不是很熟悉，旅游部门如何配合等。

Q：是自然资源部这边牵头的，对吗？

K：对，是我们牵头的。

Q：等于说自然资源部牵头，像文旅部门和住建部门主要是参与？

K：对，我们先给了一个大安排，（文旅部门和住建部门）给了很大的支持和配合。

Q：当时大致的过程是什么样的，比如经过了哪些流程呀，这个能稍微说说吗，就是整个政策的出台过程。

K：我们先和文旅部门做了一个调研，然后文旅部门给我们提供了一些专题的研究与报告，比如说像"邮轮"。旅游业是个综合性产业，一些具体的用地方式，像"邮轮"，这个行业显然是我们不太熟悉的。我们这边也有人就旅游用地专门做过调研，我们部里面的××也牵头搞过旅游用地改革试点。

Q：之前在桂林做过的试点也是与自然资源部和文旅部一起的？

---

① 国家旅游局. 旅游业发展用地相关政策解读[M]. 北京：中国旅游出版社，2017：24—25.

K：对，他们也做过试点，我们这边相关事业单位也做过研究报告，和文旅部门要过这些东西，那么我们就根据这些情况起草了这个文件。起草文件的过程中又和住建部门就一些规划的事宜进行了沟通，与文旅部门，像××同志等进行磋商，他们也提出了他们的用地需求，把用地需求给了我们一个清单。

Q：就是那个×司，政法司的？

K：对，×司也给了我们一个清单，我们就根据清单和掌握的情况以及现有的政策，写了一个文件，基本上就是这么个情况吧。

（自然资源部工作人员 K，2020 年 3 月 10 日）

3. 政策制定过程中的主体参与

当问到在政策出台的过程中如何吸纳地方、企业、专家和当地居民以及社会公众的意见时，H 表示政策的制定过程主要听取了两方面的意见：一个是地方政府的意见，另外一个是一些旅游企业的意见，当时也实地调研了一些企业和地方政府，当然还参考了成都、秦皇岛等几个旅游综合改革试点城市的土地政策方面探索的一些内容。

（二）政策内容及实施

1. 政策创新与不足

H 认为《关于支持旅游业发展用地政策的意见》在政策内容上是创新的，第一次从土地的层面系统提出对旅游业支持的政策意见，过去对旅游业的支持都是零星地体现在不同文件中，这次是一个系统体现的文件，有助于形成旅游用地方面的政策体系的框架。K 认为比较大的创新主要是两点，一个是在大的片区里按照用途来供应旅游业用地，其余的用地是不转不征不让；另一个是关于房车营地等特殊用地。

K：在我看来比较大的创新主要是两点，一个是在大的片区里按照用途来供地，那么其余用地是不转不征不让。我们也看了一些项目，有些景区一弄就是十多平方公里，又是征又是转，七七八八地满足不了旅游业的供应，不符合旅游业的特点，对当地的经营户也不公平。

Q：也就是说，没有建设的那块地不征不转。

K：对，没有建设的那块地，产权人是谁的还是谁的，不让你转用，也不征收，要是有经营的要求，公司就和农民去协商。比如很多景区为了好看，种连片的花，就需要去找土地经营商磋商，给予一定的补偿，但是建筑用地我们征转，让给你就可以了。

Q：这算是一个大的突破吗？

K：对。再一个就是厕所用地，当时有一个批示，旅游行业厕所革命，厕所用地打包批，而不是说单个厕所批，把一个厕所作为一个项目批太麻烦。

Q：也就是把厕所用地打包批。

K：对，几个厕所用地一并作为一个项目给批了。

Q：这就减少了程序。

K：对。另外，对于一些特殊项目，比如说房车营地，按照国际上的模式和定义，房车营地对环境的影响是比较大的，因为都在规划区外。我们对房车营地的建设，一方面给了一个政策，另一方面要求与环境保护措施配套，环境污染物的处理系统需要同步建，而且建设的色彩等要与周边环境相协调，这是出于景观和环境的考虑，在以前的项目中很少要求环境污染物处理的问题，也没有那么特殊的行业。

（自然资源部工作人员 K，2020 年 3 月 10 日）

至于遗憾和不足方面，H 提出有些政策当时想写没有写进去，比如希望自然资源部和文旅部一起来确定一些重大的旅游项目，进行单独供地，但最后没有做成；想出台类似于浙江"点状供地"的一些政策，在全国推广，也没有做成；想在乡村旅游当中，允许农村的农业设施用地用来做一些旅游方面的事情，最后也没有做成。

2. 政策实施情况

在政策落实方面，H 认为大部分落实了。H 指出，政策出台以后，给地方的一些旅游用地政策创新提供了更大的空间，它具有导向性，因为很多政策落地是由地方做，有利于地方推广。当然，H 也指出，由于土地政策本身有很强的刚性，有些政策出台以后很难落地，比如说房车用地参照旅馆用地，进行"招拍挂"，这个就很难操作。有的条文写了以后，最后可能是由于利益导向或者基于投入产出比的一些考虑，企业并不一定认可。

3. 政策取得效果

在政策取得效果方面，K 认为落实情况还比较理想。K 感觉文件出台以后，至少自然资源部门反响非常好，解决了以前大家都在讲的很多问题，如旅游用地到底怎么供？旅游用地包括哪些行业、哪些门类？用途怎么敲定？等等。因为一旦用途敲定下来，所有的程序就非常明确了。他还指出，住建部门反映也是非常好的，以前不知道是什么用途，根本做不出来，有了这个文件，即《国务院关于促进旅游业改革发展的若干意见》，中央就旅游发展提出的其他一些要求，通过这个文都可以落地了。

H 认为《国务院关于促进旅游业改革发展的若干意见》取得了一些好的成效，但同时也指出一些不足的方面。他认为，确实有些政策出台以后，做得不好或者实施不好，需要对一些提法做进一步的改进。具体哪个条文要坚持，哪个条文要调整，可能还需要进一步去细化。

（三）政策创新展望

在旅游业用地政策创新方面，H 除了提出要根据条文实施效果进行调整外，还强调，一是从地方经验中借鉴创新，特别是在一些地方探索中做得比较好的，包括点状用地、以租代征等，在加强管理的情况下做进一步的推广；二是从国家层面讲，土地政策也在调整，如农村的集体建设用地正在调整变化，因此需要与时俱进地根据国家土地政策调整，进一步优化旅游的土地用地政策，这个方面也有很多可以做的空间。

K 也强调了两个方面的创新，一是空间规划的衔接，另一个是包括房车营地在内的新旅游业态用地。K 在访谈中特别强调规划的作用，对于这一点旅游部门较少重视。K 指出：

各行业用地首先要从规划上做出衔接来，规划上衔接不出来，你想再多的政策也落不了地。像旅游用地，文旅部门首先要牵头督促各地做旅游规划，在做旅游规划过程中，加强与自然资源部门的衔接，包括交通部门相关规划的衔接。先把规划做出来，做出来以后再说具体的地怎么供，没有这个前提是做不下来的。

（自然资源部工作人员 K，2020 年 3 月 10 日）

五、关于桂林旅游产业用地改革文件制定和实施的访谈

在《关于支持旅游业发展用地政策的意见》出台之前，自然资源部门和文旅部门联合在桂林、秦皇岛等地开展了旅游业用地改革试点，其中桂林是做得比较好的，出台了桂林旅游产业用地改革相关文件。本课题组在 2020 年 3 月 10 日和 4 月 17 日两次采访了深度参与有关文件起草的桂林国土局工作人员 E，了解桂林旅游产业用地改革政策制定和实施的相关情况。

（一）政策的制定

1. 政策制定背景

关于桂林旅游产业用地改革的背景，广西桂林国土局工作人员 E 提到，2009 年 12 月国务院出台《关于进一步促进广西经济社会发展的若干意见》，这个文件提到"桂林要充分发挥旅游资源优势，打造国际旅游胜地""建设桂林国家旅游综合改革试验区"。在此基础上，2012 年经国务院同意，国家发改委批准了《桂林国际旅游胜地建设发展规划纲要》。根据该文件要求，报自然资源部批准，桂林与舟山、成都、秦皇岛、张家界等一道成为旅游产业用地改革试点城市。2013 年 6 月，自然资源部正式批复《桂林旅游产业用地改革试点总体方案》。总之，桂林旅游产业用地改革政策的出台主要基于支持旅游胜地纲要的实施，加快旅游业的发展和转型升级，做大做强桂林的旅游产业。

2. 政策制定程序

在政策制定流程方面，据 E 介绍，在自然资源部批准桂林旅游产业用地试点后，首先对桂林旅游产业用地现状进行了调查研究，由国土局的测绘规划院承担，对全市的旅游用地情况进行调查，基本摸清了桂林旅游发展情况：以观光旅游为主，景区主要依靠自然景观，一是用地位置的不确定性；二是景区用地面积中真正的建设用地面积不多，大概只占总面积的百分之八至十。在此基础上他们积极向别的城市学习，特别是借鉴了自然资源部批准的海南"二十条"政策，拟定了桂林旅游产业用地改革的总体方案。经过与自治区国土厅和自然资源部反复汇报沟通，并在全市广泛征求政府、部门、企业的意见，最终自然资源部批准了这一总体方案。

3. 政策制定过程中的主体参与

在主体参与方面，据 E 介绍，在总体方案批准之前，他们广泛征求了部门、地方、企业、专家的意见，特别是结合旅游胜地纲要，将有关内容在总体方案中体现。在总体方案批准后，他们在自治区国土厅的指导下对方案进行了具体细化，形成了"三十一条"。企业反映的用地报批难、景区用地面积中真正的建设面积不多和地方政府反映的土地规划刚性太强、项目落地难、如何解决农民的积极性等问题，在总体方案和"三十一条"中都有体现。

（二）政策内容及实施

1. 政策创新与不足

E 认为，桂林旅游产业用地改革政策最大的创新是根据桂林旅游用地的特点，形成了用地分类管理。他们与桂林理工大学合作开展了用地分类研究，结合自然资源部的用地分类和建设部门的城市规划用地分类，形成了桂林旅游用地分类体系。此外，他们还针对旅游用地特点编制了重点片区规划，确定了旅游用地基准地价，形成了低效用地再开发办法、农民参与旅游开发办法、旅游项目配套用地政策等。

E 还提到，桂林旅游业总体上还停留在比较低端的水平，他们想提高产业，搞一些高端项目，考虑规范发展高尔夫球项目，但由于国家政策不允许，最终没有写进去。另外，涉及土地调整、基本农田使用等问题，这次改革也无法解决。

2. 政策实施情况

在政策落实方面，据 E 介绍，在自然资源部批复总体方案和桂林出台"三十一条"政策之后，在用地分类管理、农民参与、旅游地价和配套开发等方面得到了进一步的落实，特别是支持旅游项目开发引进大型综合体项目上有一些成效。但分类管理中的"只征不转"没有落实，规划调整和基本农田占用调整也没有落实。

3. 政策取得效果

关于政策取得的效果，E 认为桂林旅游用地改革试点政策总体取得了进展，有较好的效果，但和预期还有很大的差距。E 指出，这主要是当地政府的认识还不到位，这与宣传有关，也和领导的意识有关，愿意采用传统的做法。

（三）政策创新展望

当问到桂林旅游用地有哪些问题，可以从哪些方面进行政策创新时，E 指出，当前桂林的旅游大部分还停留在观光方面，档次较低，高端项目较少，在如何提供大型项目用地和全域旅游项目用地上还有较多的创新空间。

六、对我国旅游业用地政策制定和实施的进一步讨论

（一）关于政策制定流程

根据访谈可知，《关于支持旅游业发展用地政策的意见》和《桂林旅游产业用地改革试点总体方案》两个文件均有直接的政策依据，前者是《关于促进旅游业改革发展的若干意见》，后者是《关于进一步促进广西经济社会发展的若干意见》，均为国务院发布的文件。这类似于旅游业用地政策专项政策出台的常态，专项政策的出台实际上是对更高级别综合性政策具体条款的落实。从实践

来看，这种"从上而下"的政策制定更容易实现，而基于行业协会、企业、专家的提议等"从下而上"的政策制定则更加困难，这种来自一线的呼声也是在得到了相关人员的关注之后，才会形成政策制定的契机。这并不是说政策制定不关注一线的声音。访谈结果表明，在两个政策文件的制定过程中，均包含了调研和征求意见等环节。从笔者参与政策起草的经验来看，这种调研和征求意见往往不是一次性的，可能多达数轮。也就是说，看似简单条文的背后，都是多方利益博弈的结果。最终出台的文件不只是起草组的意见，也反映了各利益相关者的意见，当然，如高级别政府部门领导、大型企业领导、权威专家等的意见会得到更多反映。起草组内的人员起到的作用也会有差异，如牵头的司处领导多掌握更多的主导权等。

（二）关于政策参与主体

根据访谈可知，两个政策文件的制定均由自然资源部牵头。文旅部主要负责旅游行业的管理，可以在土地政策制定过程中传递行业的声音，但不是土地政策的执行者。除了政府部门外，专家也参与了政策制定工作，如桂林旅游产业用地改革政策研究过程中，国土部门与桂林理工大学合作开展了用地分类研究。至于其他主体，主要是通过征求意见或调研反馈的方式参与，较少直接参与到政策制定当中。过去征求意见主要是征求地方和其他部门的意见，地方是政策执行的重要主体,征求其他部门的意见是因为政策内容可能涉及其他部门。在多数情况下，部门一般只反馈涉及本部门职能的意见。现在政策出台之前往往也会面向社会公开征求意见，但由于社会意见比较杂乱并不集中，吸纳进政策的可能性一般比较小。

（三）关于政策实施

两个政策文件其实都是在试点基础上制定的。在《桂林旅游产业用地改革试点总体方案》出台之前桂林市已经采取了一些旅游业用地方面的改革措施，而包括《桂林旅游产业用地改革试点总体方案》在内的试点则构成《关于支持旅游业发展用地政策的意见》出台的重要实践依据。这种试点先行的做法是国内政策制定的常规做法，有利于提高政策的合理性、可操作性等。对于政策的实施，一般文件本身都会对实施组织、过程监督等做出规定。不过，《关于支持旅游业发展用地政策的意见》最后一节是"加强旅游业用地服务监管"，主要是对旅游业用地服务方面的监管，而不是对文件实施的监督。从笔者掌握的情况来看，对于该文件的实施情况，也没有组织全面的监测评估。

第四章 旅游业用地政策感知与评价：
问卷调查与分析

2019 年 11 月，为了解社会公众对于旅游业用地政策的感知和评价，本课题组依托单位自主调查平台开展了一次大规模问卷调查。

一、问卷设计与结构

在文献和政策梳理的基础上，课题组在 2019 年 6 月进行了初步的问卷设计，后根据多位政策研究专家、数据调查专家的意见征询结果做了修改调整，并在小范围进行了问卷调查测试，在测试结果满意后正式通过单位自主调查平台开展调查。

由于现有文献中较少对旅游业用地政策感知进行问卷调查，因此本问卷主要基于课题组对旅游业用地政策的理解进行设计。整个问卷从结构上可以分为三大板块。

第一大板块是对旅游业用地政策具体内容的感知。通过前期的梳理，课题组将旅游业用地政策的主要内容归纳为十五条政策。具体土地政策内容如下：土地政策一的内容为"旅游项目中属于自然景观用地及农牧渔业种植、养殖用地的，不征收（收回）、不转用，按现用途管理"。土地政策二的内容为"利用现有文化遗产、大型公共设施、知名院校、科研机构、工矿企业、大型农场开展文化、研学旅游活动，在符合规划、不改变土地用途的前提下，上述机构土地权利人利用现有房产兴办住宿、餐饮等旅游接待设施的，可保持原土地用途、权利类型不变"。土地政策三的内容为"对社会资本投资建设连片面积达到一定规模的高标准农田、生态公益林等，允许在符合土地管理法律法规和土地利用总体规划、依法办理建设用地审批手续、坚持节约集约用地的前提下，利用一定比例的土地开展观光和休闲度假旅游等经营活动"。土地政策四的内容为"对集中连片开展生态修复达到一定规模的经营主体，允许在符合土地管理法律法规和土地利用总体规划、依法办理建设用地审批手续、坚持节约集约用地的前提下，利用 1%－3% 治理面积从事旅游、康养、体育、设施农业等产业开发"。土地政策五的内容为"乡（镇）土地利用总体规划可以预留少量（不超过 5%）规划建设用地指标，用于零星分散的单独选址乡村旅游设施等建设"。土地政策六的内容为"对于旅游项目确实选址在规划确定的城镇建设用地范围外的，其中的旅游设施等建设用地可按单独选址项目报批用地"。土地政策七的内容为"仅在年度内特定旅游季节使用土地的乡村旅游停车设施，在一定前提下，可不征收（收回）、不转用，按现用途管理"。土地政策八的内容为"对自驾车旅居车营地的特定功能区，使用未利用地的，在不改变土地用途、不固化地面的前提下，可按原地类管理"。土地政策九的内容为"选址在土地利用总体规划确定的城镇规划区外的自驾车旅居车营地，其公共停车场、各功能区之间的连接道路、商业服务区等可与农村公益事业合并实施，依法使用集体建设用地"。土地政策十的内容为"对利用现有山川水面建设冰雪场地设施，对不占压土地、不改变地表形态的，可按原地类管理"。土地政策十一的内容为"在符合生态环境保护要求和相关规划的前提下，对使用荒山、荒地、荒滩及石漠化土地建设的冰雪项目，出让底价可按不低于土地取得成本、土地前期开发成本和按规定应收取的相关费用之和的原则确定"。土地政策十二的内容为"对使用'四荒地'及石漠化土地、边远海岛建设的乡村旅游项目，出让底价可按不低于土地取得成本、土地前期开发成本和按规定应收取相关费用之和的原则确定"。土地政策十三的内容为"支持返乡下乡人员依托自有和闲置农房院落发展农家乐，在符合农村宅基地管理规定和相关规划的前提下，允许返乡下乡人员和当地农民合作改建自住房"。土地政策十四的内容为"农村集体经济组织可以依法使用自有建设用地自办或以土地使用权入股、联营等方式与其他单位和个人共同参与乡村旅游基础设施建设"。土地政策十五的内容为"农村集体经济组织可以出租、入股、合作等方式盘活利用农房及宅基地，按照规划要求和用地标准，改造建设乡村旅游接待和活动场所"。对政策具体内容的调查主要包括 6 个方面：了解程度、必要性评价、合理性评价、可操作性评价、落实情况评价、效果评价，每个方面均采用 5 分制李克特量表进行调查，但是对于落实情况和效果评价设置了不清楚选项。注意：落实情况和效果评价是不同的，落实情况是指该政策实施情况如何，而效果评价是指政策实施起到的作用怎么样。

第二大板块是对旅游业用地政策现状、问题和对策的总体感知。主要涉及对近年来旅游业用地指标、用地成本、相关手续办理、违规现象、和工业用地政策的比较、2015 年政策了解情况、出台新政策的必要性、当前旅游业用地存在的最大问题以及旅游业用地政策创新方向等方面。除了最后两个方面，其他的问题均采用 5 分制李克特量表。

第三大板块是被调查者个人信息。依照在满足研究需要前提下尽量减少问题的原则，以及考虑网上调查的特点，本问卷没有设计年龄、性别、收入、地域等方面的问题，只问了一个身份，有 6 个选项：旅游投资者，旅游企业经营管理者，旅游行业管理部门工作者，旅游教育、研究和传媒工作者，旅游专业学生以及以上都不是。本问卷没有直接调查被调查者来源地域，但是通过互联网协议地址（IP 地址）可以大致了解被调查者地域分布情况。

具体问卷见附件。

二、样本总体情况

基于单位自主调查平台的调查分为两轮，第一轮于 2019 年 11 月 14 日开始在微信群转发链接调查，截止到 11 月 15 日，回收 10600 份。第二轮修改了链接，于 2019 年 11 月 19 日通过单位官微调查，截止到 11 月 20 日，回收 11359 份，合计 21959 份。由于网上问卷调查设置数据不可留空，因而全部回收问卷不存在信息缺失状况。本研究利用 Excel 表格和 SPSS 23 进行分析。

（一）样本逻辑删选

为使回收问卷更加真实有效，问卷设计了逻辑陷阱。从逻辑上说，如果被调查者对政策内容"一点都不了解"，那么他也不应该了解该政策的落实情况和实施效果。因而，如果被调查者对政策内容选填的是"一点都不了解"，则落实情况和实施效果应该选填"不清楚"。如果选填其他选项，则视为不合逻辑，样本无效。经过删选，获得有效问卷 19849 份，有效率为 90.4%。

（二）样本来源分析

在 19849 个样本中，有 19811 个通过 IP 地址识别出所在地域。这些样本来自 34 个省级行政区，包括 23 个省、5 个自治区、4 个直辖市、2 个特别行政区。有效样本量最多的省、直辖市依次是广东、北京、山西、山东、河北、江苏和河南，有效样本量超过 1000 份。以上 7 个省、直辖市样本占可识别地域总样本量的 57.3%，超过一半。具体如表 4—1 所示。

表 4-1　样本来源分布

省份	频率	有效百分比	省份	频率	有效百分比
广东	2160	10.9	吉林	367	1.9
北京	2081	10.5	重庆	342	1.7
山西	1904	9.6	上海	297	1.5
山东	1722	8.7	陕西	281	1.4
河北	1226	6.2	内蒙古	230	1.2
江苏	1215	6.1	天津	197	1.0
河南	1043	5.3	贵州	89	0.4
浙江	861	4.3	甘肃	87	0.4
黑龙江	784	4.0	云南	85	0.4
辽宁	736	3.7	海南	55	0.3
江西	715	3.6	新疆	52	0.3
湖南	665	3.4	宁夏	44	0.2
广西	573	2.9	青海	11	0.1
福建	568	2.9	香港	10	0.1
四川	525	2.7	西藏	2	0
湖北	453	2.3	台湾	1	0
安徽	429	2.2	澳门	1	0

在 19849 个被调查者中，最多的是旅游教育、研究和传媒工作者，有 4822 位，占 24.3%，其次是旅游行业管理部门工作者，有 4599 位，占 23.2%，这两个群体占总样本量的近一半。然后，旅游专业学生有 3409 位，占 17.2%，旅游企业经营管理者有 2187 位，占 11.0%，旅游投资者有 1364 位，占 6.9%。此外，还有 3468 位被调查者不属于以上任何群体，该群体占总样本量的 17.5%。

（三）样本的可靠性分析

1. 样本的正态分布检验

表 4-2 是对所有顺序尺度类项目调查数据的描述性统计及正态分布检验，通常使用绝对值来判断。当偏度绝对值小于 3.0，峰度绝对值小于 10.0 时，表明样本基本上服从正态分布（黄芳铭，2005）[①]。从表 4-2 可见，所有项目的偏度绝对值都小于 3.0，峰度绝对值都小于 5.0。根据上述标准可认定，本研究各

[①]黄芳铭. 结构方程模式：理论与应用[M]. 北京：中国税务出版社，2005：88.

选项的大样本调查数据基本服从正态分布，可以展开进一步分析。

表 4-2　各变量项目调查数据的描述性统计

项目	样本量统计	均值统计	标准差统计	偏度		峰度	
				统计	标准误差	统计	标准误差
Q1-1 您了解土地政策一吗？	19849	4.25	0.975	-0.919	0.017	-0.482	0.035
Q1-2 您如何评价土地政策一的必要性？	19849	4.31	0.963	-1.217	0.017	0.539	0.035
Q1-3 您如何评价土地政策一的合理性？	19849	4.306	0.95	-1.165	0.017	0.424	0.035
Q1-4 您如何评价土地政策一的可操作性？	19849	4.30	0.944	-1.15	0.017	0.436	0.035
Q1-5 您如何评价土地政策一的落实情况？	19849	4.34	1.092	-1.966	0.017	4.053	0.035
Q1-6 您如何评价土地政策一的效果？	19849	4.31	1.047	-1.645	0.017	2.713	0.035
Q2-1 您了解土地政策二吗？	19849	4.16	0.997	-0.774	0.017	-0.714	0.035
Q2-2 您如何评价土地政策二的必要性？	19849	4.25	0.968	-1.047	0.017	0.091	0.035
Q2-3 您如何评价土地政策二的合理性？	19849	4.30	0.932	-1.098	0.017	0.238	0.035
Q2-4 您如何评价土地政策二的可操作性？	19849	4.32	0.92	-1.161	0.017	0.432	0.035
Q2-5 您如何评价土地政策二的落实情况？	19849	4.37	1.04	-2.021	0.017	4.476	0.035
Q2-6 您如何评价土地政策二的效果？	19849	4.34	1.004	-1.663	0.017	2.861	0.035
Q3-1 您了解土地政策三吗？	19849	4.20	0.967	-0.826	0.017	-0.571	0.035
Q3-2 您如何评价土地政策三的必要性？	19849	4.25	0.968	-1.062	0.017	0.158	0.035
Q3-3 您如何评价土地政策三的合理性？	19849	4.31	0.923	-1.12	0.017	0.317	0.035
Q3-4 您如何评价土地政策三的可操作性？	19849	4.32	0.919	-1.186	0.017	0.551	0.035
Q3-5 您如何评价土地政策三的落实情况？	19849	4.40	1.03	-2.086	0.017	4.761	0.035

项目	样本量统计	均值统计	标准差统计	偏度		峰度	
				统计	标准误差	统计	标准误差
Q3－6 您如何评价土地政策三的效果？	19849	4.36	0.978	-1.663	0.017	2.875	0.035
Q4－1 您了解土地政策四吗？	19849	4.21	0.95	-0.837	0.017	-0.519	0.035
Q4－2 您如何评价土地政策四的必要性？	19849	4.27	0.956	-1.095	0.017	0.282	0.035
Q4－3 您如何评价土地政策四的合理性？	19849	4.31	0.923	-1.116	0.017	0.321	0.035
Q4－4 您如何评价土地政策四的可操作性？	19849	4.32	0.924	-1.177	0.017	0.52	0.035
Q4－5 您如何评价土地政策四的落实情况？	19849	4.38	1.047	-2.079	0.017	4.711	0.035
Q4－6 您如何评价土地政策四的效果？	19849	4.35	0.995	-1.727	0.017	3.233	0.035
Q5－1 您了解土地政策五吗？	19849	4.24	0.918	-0.863	0.017	-0.429	0.035
Q5－2 您如何评价土地政策五的必要性？	19849	4.27	0.944	-1.084	0.017	0.265	0.035
Q5－3 您如何评价土地政策五的合理性？	19849	4.31	0.911	-1.103	0.017	0.335	0.035
Q5－4 您如何评价土地政策五的可操作性？	19849	4.31	0.929	-1.18	0.017	0.572	0.035
Q5－5 您如何评价土地政策五的落实情况？	19849	4.39	1.04	-2.072	0.017	4.657	0.035
Q5－6 您如何评价土地政策五的效果？	19849	4.34	1.01	-1.728	0.017	3.197	0.035
Q6－1 您了解土地政策六吗？	19849	4.24	0.911	-0.867	0.017	-0.389	0.035
Q6－2 您如何评价土地政策六的必要性？	19849	4.27	0.947	-1.092	0.017	0.312	0.035
Q6－3 您如何评价土地政策六的合理性？	19849	4.29	0.919	-1.082	0.017	0.283	0.035
Q6－4 您如何评价土地政策六的可操作性？	19849	4.31	0.926	-1.177	0.017	0.566	0.035
Q6－5 您如何评价土地政策六的落实情况？	19849	4.38	1.035	-2.046	0.017	4.568	0.035

项目	样本量统计	均值统计	标准差统计	偏度		峰度	
				统计	标准误差	统计	标准误差
Q6-6 您如何评价土地政策六的效果？	19849	4.33	0.999	-1.656	0.017	2.832	0.035
Q7-1 您了解土地政策七吗？	19849	4.25	0.905	-0.86	0.017	-0.404	0.035
Q7-2 您如何评价土地政策七的必要性？	19849	4.28	0.94	-1.099	0.017	0.312	0.035
Q7-3 您如何评价土地政策七的合理性？	19849	4.29	0.916	-1.091	0.017	0.312	0.035
Q7-4 您如何评价土地政策七的可操作性？	19849	4.30	0.923	-1.146	0.017	0.481	0.035
Q7-5 您如何评价土地政策七的落实情况？	19849	4.39	1.028	-2.023	0.017	4.476	0.035
Q7-6 您如何评价土地政策七的效果？	19849	4.32	1.019	-1.673	0.017	2.882	0.035
Q8-1 您了解土地政策八吗？	19849	4.25	0.909	-0.877	0.017	-0.365	0.035
Q8-2 您如何评价土地政策八的必要性？	19849	4.27	0.939	-1.062	0.017	0.212	0.035
Q8-3 您如何评价土地政策八的合理性？	19849	4.30	0.91	-1.069	0.017	0.224	0.035
Q8-4 您如何评价土地政策八的可操作性？	19849	4.30	0.93	-1.156	0.017	0.49	0.035
Q8-5 您如何评价土地政策八的落实情况？	19849	4.38	1.039	-2.066	0.017	4.643	0.035
Q8-6 您如何评价土地政策八的效果？	19849	4.33	1.008	-1.688	0.017	2.995	0.035
Q9-1 您了解土地政策九吗？	19849	4.24	0.919	-0.869	0.017	-0.388	0.035
Q9-2 您如何评价土地政策九的必要性？	19849	4.26	0.948	-1.078	0.017	0.278	0.035
Q9-3 您如何评价土地政策九的合理性？	19849	4.29	0.918	-1.09	0.017	0.293	0.035
Q9-4 您如何评价土地政策九的可操作性？	19849	4.31	0.918	-1.167	0.017	0.56	0.035
Q9-5 您如何评价土地政策九的落实情况？	19849	4.38	1.045	-2.091	0.017	4.773	0.035

续表

项目	样本量统计	均值统计	标准差统计	偏度		峰度	
				统计	标准误差	统计	标准误差
Q9－6 您如何评价土地政策九的效果？	19849	4.33	1.005	-1.688	0.017	3.013	0.035
Q10－1 您了解土地政策十吗？	19849	4.28	0.881	-0.918	0.017	-0.236	0.035
Q10－2 您如何评价土地政策十的必要性？	19849	4.28	0.929	-1.096	0.017	0.327	0.035
Q10－3 您如何评价土地政策十的合理性？	19849	4.30	0.906	-1.072	0.017	0.248	0.035
Q10－4 您如何评价土地政策十的可操作性？	19849	4.29	0.93	-1.127	0.017	0.411	0.035
Q10－5 您如何评价土地政策十的落实情况？	19849	4.38	1.037	-2.077	0.017	4.745	0.035
Q10－6 您如何评价土地政策十的效果？	19849	4.32	1.017	-1.717	0.017	3.13	0.035
Q11－1 您了解土地政策十一吗？	19849	4.22	0.924	-0.835	0.017	-0.452	0.035
Q11－2 您如何评价土地政策十一的必要性？	19849	4.25	0.955	-1.07	0.017	0.248	0.035
Q11－3 您如何评价土地政策十一的合理性？	19849	4.29	0.914	-1.088	0.017	0.301	0.035
Q11－4 您如何评价土地政策十一的可操作性？	19849	4.30	0.917	-1.146	0.017	0.508	0.035
Q11－5 您如何评价土地政策十一的落实情况？	19849	4.39	1.033	-2.08	0.017	4.758	0.035
Q11－6 您如何评价土地政策十一的效果？	19849	4.33	1	-1.66	0.017	2.898	0.035
Q12－1 您了解土地政策十二吗？	19849	4.25	0.897	-0.876	0.017	-0.337	0.035
Q12－2 您如何评价土地政策十二的必要性？	19849	4.27	0.939	-1.078	0.017	0.282	0.035
Q12－3 您如何评价土地政策十二的合理性？	19849	4.29	0.916	-1.079	0.017	0.288	0.035

续表

项目	样本量 统计	均值 统计	标准差 统计	偏度		峰度	
				统计	标准误差	统计	标准误差
Q12－4 您如何评价土地政策十二的可操作性？	19849	4.30	0.929	-1.16	0.017	0.533	0.035
Q12－5 您如何评价土地政策十二的落实情况？	19849	4.38	1.03	-2.058	0.017	4.673	0.035
Q12－6 您如何评价土地政策十二的效果？	19849	4.32	1.014	-1.694	0.017	3.091	0.035
Q13－1 您了解土地政策十三吗？	19849	4.26	0.891	-0.887	0.017	-0.316	0.035
Q13－2 您如何评价土地政策十三的必要性？	19849	4.27	0.931	-1.083	0.017	0.306	0.035
Q13－3 您如何评价土地政策十三的合理性？	19849	4.30	0.915	-1.107	0.017	0.368	0.035
Q13－4 您如何评价土地政策十三的可操作性？	19849	4.30	0.924	-1.162	0.017	0.551	0.035
Q13－5 您如何评价土地政策十三的落实情况？	19849	4.38	1.044	-2.097	0.017	4.813	0.035
Q13－6 您如何评价土地政策十三的效果？	19849	4.33	1.001	-1.678	0.017	2.986	0.035
Q14－1 您了解土地政策十四吗？	19849	4.30	0.866	-0.916	0.017	-0.257	0.035
Q14－2 您如何评价土地政策十四的必要性？	19849	4.28	0.921	-1.084	0.017	0.301	0.035
Q14－3 您如何评价土地政策十四的合理性？	19849	4.30	0.91	-1.075	0.017	0.256	0.035
Q14－4 您如何评价土地政策十四的可操作性？	19849	4.31	0.92	-1.167	0.017	0.553	0.035
Q14－5 您如何评价土地政策十四的落实情况？	19849	4.39	1.038	-2.095	0.017	4.786	0.035
Q14－6 您如何评价土地政策十四的效果？	19849	4.33	1.004	-1.666	0.017	2.929	0.035
Q15－1 您了解土地政策十五吗？	19849	4.30	0.863	-0.914	0.017	-0.257	0.035
Q15－2 您如何评价土地政策十五的必要性？	19849	4.28	0.923	-1.095	0.017	0.351	0.035

项目	样本量统计	均值统计	标准差统计	偏度		峰度	
				统计	标准误差	统计	标准误差
Q15－3 您如何评价土地政策十五的合理性？	19849	4.30	0.909	-1.09	0.017	0.324	0.035
Q15－4 您如何评价土地政策十五的可操作性？	19849	4.30	0.918	-1.141	0.017	0.499	0.035
Q15－5 您如何评价土地政策十五的落实情况？	19849	4.38	1.043	-2.081	0.017	4.732	0.035
Q15－6 您如何评价土地政策十五的效果？	19849	4.32	1.01	-1.66	0.017	2.882	0.035
Q16 您觉得近年来旅游业用地指标有什么变化？	19849	4.39	0.819	-1.275	0.017	1.257	0.035
Q17 您觉得近年来旅游业用地成本有什么变化？	19849	4.27	0.943	-1.158	0.017	0.623	0.035
Q18 您觉得近年来旅游业用地相关手续办理有什么变化？	19849	4.26	0.948	-1.096	0.017	0.36	0.035
Q19 您觉得近年来旅游业用地中的违规现象（如以旅游之名修建别墅、开发房地产、修建高尔夫球场等）有什么变化？	19849	4.27	0.962	-1.175	0.017	0.565	0.035
Q20 您觉得与工业用地相比，旅游业用地政策是否有利？	19849	4.22	0.986	-1.005	0.017	0.035	0.035
Q21 您了解 2015 年自然资源部等联合印发的文件《关于支持旅游业发展用地政策的意见》吗？	19849	4.36	0.843	-1.066	0.017	0.212	0.035
Q22 您觉得当前有必要出台新的旅游业用地政策吗？	19849	4.16	1.024	-0.905	0.017	-0.258	0.035

2. 样本的信度分析

以 Cronbach'α（克朗巴哈）系数检验以上 97 个量表的内在信度。结果显示，Cronbach'α 系数为 0.991，大于 0.9，这说明量表的内在信度很高。

三、公众对政策具体内容的感知

（一）对旅游业用地具体政策的基本感知

由表 4—2 可见，被调查者对于土地政策的认识和评价均值都超过 4，说明被调查者比较了解这些土地政策，并认为这些土地政策比较必要、比较合理、比较有可操作性、落实情况较好、效果较好。从变异系数来看，均处于 0.2－0.3 之间，说明被调查者对这些土地政策的认识和评价离散程度一般。对被调查者对某土地政策的了解程度与对该土地政策的评价做 ANOVA（方差分析，下同）相关性检验，结果显示被调查者对该土地政策的了解程度对其评价有显著影响。表 4—3 提供了土地政策一的例子，其他各项政策的情况也类似。

表 4-3　对土地政策一的了解程度与对土地政策一评价的单因素方差分析摘要

		平方和	自由度	均方	F	显著性
评价土地政策一的必要性× 对土地政策一的了解程度	组间	8817.011	4	2204.253		
	组内	9602.618	19844	0.484	4555.132	0.000
	总计	18419.628	19848			
评价土地政策一的合理性× 对土地政策一的了解程度	组间	7537.890	4	1884.473		
	组内	10374.503	19844	0.523	3604.556	0.000
	总计	17912.394	19848			
评价土地政策一的可操作性× 对土地政策一的了解程度	组间	7136.332	4	1784.083		
	组内	10534.403	19844	0.531	3360.735	0.000
	总计	17670.735	19848			
评价土地政策一的落实情况× 对土地政策一的了解程度	组间	5134.996	4	1283.749		
	组内	18522.652	19844	0.933	1375.328	0.000
	总计	23657.648	19848			
评价土地政策一的效果× 对土地政策一的了解程度	组间	5889.508	4	1472.377		
	组内	15865.564	19844	0.800	1841.589	0.000
	总计	21755.072	19848			

（二）政策感知和被调查者身份的相关性

1. 对土地政策的了解程度受被调查者身份的显著影响

对被调查者的身份与其对土地政策的了解程度做 ANOVA 相关性检验。由表 4-4 可见，被调查者的身份对其评价有显著影响。

表 4-4　对土地政策的了解程度与被调查者身份的单因素方差分析摘要

		平方和	自由度	均方	F	显著性
对土地政策一的了解程度×被调查者身份	组间	275.640	5	55.128	58.892	.000
	组内	18574.727	19843	.936		
	总计	18850.367	19848			
对土地政策二的了解程度×被调查者身份	组间	469.571	5	93.914	96.823	.000
	组内	19246.842	19843	.970		
	总计	19716.413	19848			
对土地政策三的了解程度×被调查者身份	组间	410.630	5	82.126	89.805	.000
	组内	18146.315	19843	.914		
	总计	18556.945	19848			
对土地政策四的了解程度×被调查者身份	组间	385.093	5	77.019	87.204	.000
	组内	17525.231	19843	.883		
	总计	17910.324	19848			
对土地政策五的了解程度×被调查者身份	组间	382.504	5	76.501	92.883	.000
	组内	16343.182	19843	.824		
	总计	16725.687	19848			
对土地政策六的了解程度×被调查者身份	组间	377.439	5	75.488	92.970	.000
	组内	16111.755	19843	.812		
	总计	16489.195	19848			
对土地政策七的了解程度×被调查者身份	组间	374.016	5	74.803	93.355	.000
	组内	15899.730	19843	.801		
	总计	16273.746	19848			
对土地政策八的了解程度×被调查者身份	组间	390.022	5	78.004	96.653	.000
	组内	16014.432	19843	.807		
	总计	16404.455	19848			

		平方和	自由度	均方	F	显著性
对土地政策九的了解程度×被调查者身份	组间	390.486	5	78.097	94.729	.000
	组内	16359.119	19843	.824		
	总计	16749.606	19848			
对土地政策十的了解程度×被调查者身份	组间	317.635	5	63.527	83.532	.000
	组内	15090.826	19843	.761		
	总计	15408.461	19848			
对土地政策十一的了解程度×被调查者身份	组间	411.710	5	82.342	98.883	.000
	组内	16523.774	19843	.833		
	总计	16935.485	19848			
对土地政策十二的了解程度×被调查者身份	组间	345.360	5	69.072	87.662	.000
	组内	15635.034	19843	.788		
	总计	15980.394	19848			
对土地政策十三的了解程度×被调查者身份	组间	364.624	5	72.925	93.966	.000
	组内	15399.756	19843	.776		
	总计	15764.380	19848			
对土地政策十四的了解程度×被调查者身份	组间	347.190	5	69.438	94.822	.000
	组内	14531.069	19843	.732		
	总计	14878.259	19848			
对土地政策十五的了解程度×被调查者身份	组间	344.297	5	68.859	94.687	.000
	组内	14430.456	19843	.727		
	总计	14774.753	19848			

　　均值分析发现，被调查者的身份会显著影响其对土地政策的了解程度。大致的均值大小顺序分别是：旅游投资者＞旅游专业学生＞旅游企业经营管理者＞旅游教育、研究和传媒工作者＞旅游行业管理部门工作者，其他人对土地政策的了解程度和旅游企业经营管理者类似，总体均值略低。如表4—5所示，总体上，所有身份的群体都比较了解土地政策。其中旅游投资者最了解土地政策，最低均值达4.5，其次是旅游专业学生，其他人对土地政策的了解程度和旅游企业经营管理者最接近。旅游行业管理部门工作者相对最不了解土地政策，但其最低均值也达到了3.95。

表4-5　对土地政策的了解程度与被调查者身份的关系表

对土地政策的了解程度 被调查者身份	旅游投资者	旅游企业经营管理者	旅游行业管理部门工作者	旅游教育、研究和传媒工作者	旅游专业学生	以上都不是
对土地政策一的了解程度	4.55	4.34	4.09	4.21	4.31	4.27
对土地政策二的了解程度	4.5	4.24	3.95	4.09	4.28	4.23
对土地政策三的了解程度	4.5	4.29	3.98	4.15	4.3	4.26
对土地政策四的了解程度	4.52	4.28	4.01	4.15	4.33	4.26
对土地政策五的了解程度	4.56	4.29	4.05	4.19	4.37	4.29
对土地政策六的了解程度	4.56	4.31	4.04	4.21	4.36	4.27
对土地政策七的了解程度	4.54	4.32	4.04	4.23	4.36	4.27
对土地政策八的了解程度	4.57	4.29	4.04	4.23	4.35	4.29
对土地政策九的了解程度	4.54	4.32	4.03	4.2	4.34	4.28
对土地政策十的了解程度	4.55	4.33	4.09	4.26	4.38	4.33
对土地政策十一的了解程度	4.53	4.3	4.01	4.17	4.35	4.26
对土地政策十二的了解程度	4.54	4.31	4.06	4.23	4.37	4.29
对土地政策十三的了解程度	4.55	4.32	4.06	4.23	4.38	4.3
对土地政策十四的了解程度	4.58	4.31	4.1	4.29	4.42	4.33
对土地政策十五的了解程度	4.58	4.33	4.1	4.29	4.41	4.34

　　如图4-1和图4-2所示，总体上，被调查者对不同土地政策的了解程度存在较大的一致性，这可能是因为被调查者对土地政策的了解往往具有系统性，而非仅仅了解某个土地政策。Pearson（皮尔森，下同）相关和偏相关分析也显示，被调查者身份和对不同土地政策的了解程度的变量彼此之间存在相关关系。计算不同身份被调查者对不同土地政策了解程度的最高均值和最低均值差额，旅游投资者，旅游企业经营管理者，旅游行业管理部门工作者，旅游教育、研究和传媒工作者，旅游专业学生和其他身份的被调查者的均值差额分别是：0.08、0.1、0.15、0.20、0.14、0.11。可见旅游投资者对不同土地政策的了解程度最为一致，旅游教育、研究和传媒工作者对不同土地政策的了解程度相对最为分散，但总体上也较为一致。所有身份的群体对土地政策二的了解程度相比其他土地政策较低。

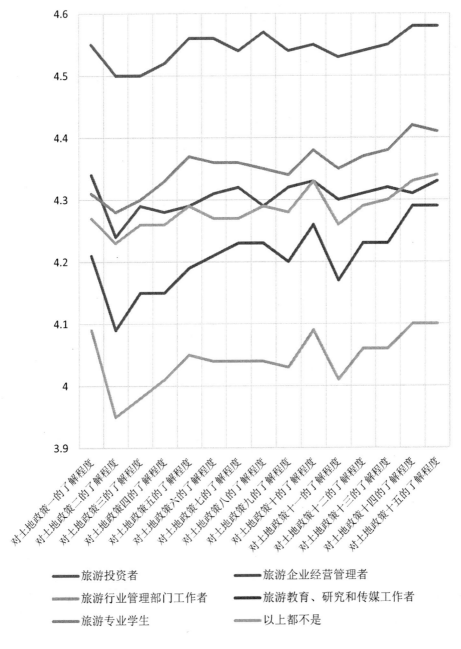

图 4-1   对土地政策的了解程度与评价者身份的关系图

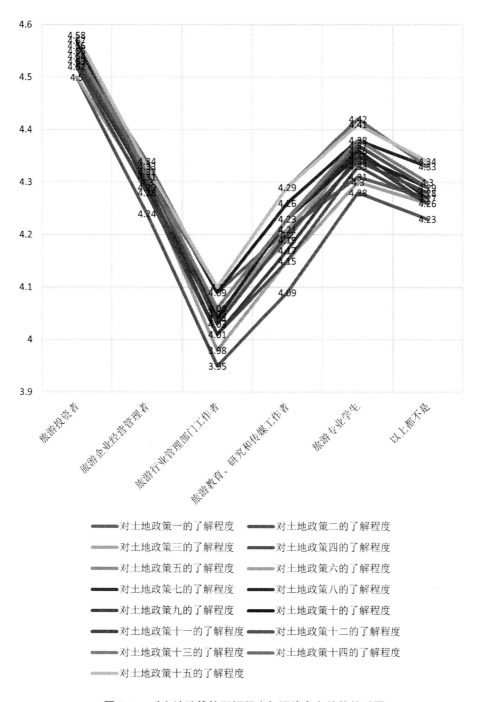

图4-2　对土地政策的了解程度与评价者身份的关系图

2. 对土地政策必要性的评价受被调查者身份的显著影响

对被调查者的身份与其对土地政策必要性的评价做 ANOVA 相关性检验。由表 4—6 可见，被调查者的身份对其评价有显著影响。

表 4-6 对土地政策必要性的评价与被调查者身份的单因素方差分析摘要

		平方和	自由度	均方	F	显著性
评价土地政策一的必要性 ×被调查者身份	组间	334.355	5	66.871	73.370	.000
	组内	18085.273	19843	.911		
	总计	18419.628	19848			
评价土地政策二的必要性 ×被调查者身份	组间	387.537	5	77.507	84.419	.000
	组内	18218.363	19843	.918		
	总计	18605.900	19848			
评价土地政策三的必要性 ×被调查者身份	组间	392.092	5	78.418	85.404	.000
	组内	18219.956	19843	.918		
	总计	18612.048	19848			
评价土地政策四的必要性 ×被调查者身份	组间	357.583	5	71.517	79.818	.000
	组内	17779.313	19843	.896		
	总计	18136.896	19848			
评价土地政策五的必要性 ×被调查者身份	组间	365.068	5	73.014	83.629	.000
	组内	17324.190	19843	.873		
	总计	17689.258	19848			
评价土地政策六的必要性 ×被调查者身份	组间	369.262	5	73.852	84.014	.000
	组内	17442.951	19843	.879		
	总计	17812.213	19848			
评价土地政策七的必要性 ×被调查者身份	组间	387.119	5	77.424	89.578	.000
	组内	17150.595	19843	.864		
	总计	17537.713	19848			
评价土地政策八的必要性 ×被调查者身份	组间	389.850	5	77.970	90.464	.000
	组内	17102.471	19843	.862		
	总计	17492.322	19848			
评价土地政策九的必要性 ×被调查者身份	组间	402.956	5	80.591	91.819	.000
	组内	17416.596	19843	.878		
	总计	17819.552	19848			
评价土地政策十的必要性 ×被调查者身份	组间	358.691	5	71.738	84.845	.000
	组内	16777.579	19843	.846		
	总计	17136.270	19848			

		平方和	自由度	均方	F	显著性
评价土地政策十一的必要性×被调查者身份	组间	387.772	5	77.554	86.837	.000
	组内	17721.790	19843	.893		
	总计	18109.562	19848			
评价土地政策十二的必要性×被调查者身份	组间	361.469	5	72.294	83.771	.000
	组内	17124.466	19843	.863		
	总计	17485.935	19848			
评价土地政策十三的必要性×被调查者身份	组间	391.339	5	78.268	92.286	.000
	组内	16828.851	19843	.848		
	总计	17220.190	19848			
评价土地政策十四的必要性×被调查者身份	组间	394.774	5	78.955	95.197	.000
	组内	16457.389	19843	.829		
	总计	16852.163	19848			
评价土地政策十五的必要性×被调查者身份	组间	372.598	5	74.520	89.390	.000
	组内	16541.998	19843	.834		
	总计	16914.596	19848			

均值分析发现，被调查者的身份会显著影响其对土地政策必要性的评价。大致的均值大小顺序分别是：旅游投资者＞旅游专业学生＞旅游企业经营管理者＞旅游教育、研究和传媒工作者＞旅游行业管理部门工作者，其他人对土地政策必要性的评价和旅游企业经营管理者类似，总体均值略低。如表 4－7 所示，总体上，所有身份的群体都认为土地政策有必要。其中旅游投资者认可程度最高，最低均值达 4.54，其次是旅游专业学生，其他人对土地政策必要性的评价和旅游企业经营管理者最接近。旅游行业管理部门工作者相对最不认可土地政策的必要性，但其最低均值也达到了 4.05。

表 4-7　对土地政策必要性的评价与被调查者身份的关系表

评价土地政策的必要性被调查者身份	旅游投资者	旅游企业经营管理者	旅游行业管理部门工作者	旅游教育、研究和传媒工作者	旅游专业学生	以上都不是
评价土地政策一的必要性	4.58	4.39	4.13	4.26	4.41	4.39
评价土地政策二的必要性	4.56	4.33	4.05	4.2	4.35	4.33
评价土地政策三的必要性	4.54	4.35	4.05	4.19	4.35	4.33
评价土地政策四的必要性	4.58	4.34	4.08	4.22	4.37	4.32
评价土地政策五的必要性	4.59	4.32	4.08	4.23	4.37	4.33

评价土地政策的必要性 被调查者身份	旅游投资者	旅游企业经营管理者	旅游行业管理部门工作者	旅游教育、研究和传媒工作者	旅游专业学生	以上都不是
评价土地政策六的必要性	4.58	4.33	4.08	4.22	4.38	4.32
评价土地政策七的必要性	4.58	4.36	4.07	4.23	4.38	4.33
评价土地政策八的必要性	4.58	4.34	4.07	4.22	4.37	4.32
评价土地政策九的必要性	4.57	4.35	4.07	4.19	4.37	4.32
评价土地政策十的必要性	4.59	4.35	4.09	4.23	4.39	4.33
评价土地政策十一的必要性	4.56	4.33	4.06	4.18	4.37	4.3
评价土地政策十二的必要性	4.57	4.34	4.08	4.21	4.36	4.33
评价土地政策十三的必要性	4.57	4.34	4.08	4.22	4.4	4.33
评价土地政策十四的必要性	4.59	4.36	4.08	4.23	4.39	4.35
评价土地政策十五的必要性	4.58	4.34	4.09	4.22	4.4	4.35

如图 4—3 和图 4—4 所示。

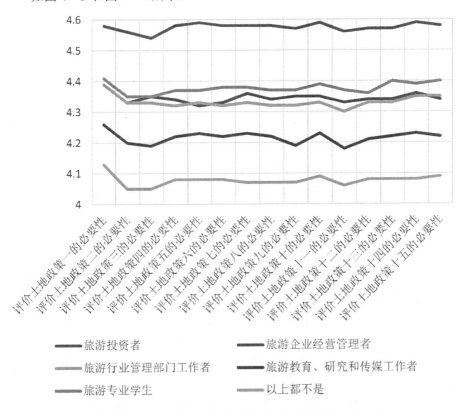

图 4-3　对土地政策必要性的评价与评价者身份的关系图

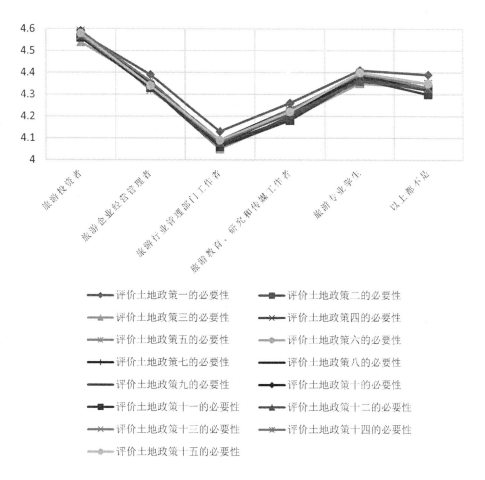

图 4-4　对土地政策必要性的评价与评价者身份的关系图

　　总体上，被调查者对不同土地政策必要性的评价存在较大的一致性，这可能是因为被调查者对不同土地政策必要性的认知具有一致性。Pearson 相关和偏相关分析也显示，被调查者身份和对不同土地政策必要性的评价的变量彼此之间存在相关关系。计算不同身份被调查者对不同土地政策必要性评价的最高均值和最低均值差额，旅游投资者，旅游企业经营管理者，旅游行业管理部门工作者，旅游教育、研究和传媒工作者，旅游专业学生和其他身份的被调查者的均值差额分别是：0.05、0.07、0.08、0.08、0.06、0.09。可见旅游投资者对不同土地政策必要性的评价最为一致，其他身份的被调查者对不同土地政策必要性的评价相对最为分散，但总体上也较为一致。除了旅游投资者，其他所有身份的群体对土地政策一必要性的评价相比其他土地政策较高。

3. 对土地政策合理性的评价受被调查者身份的显著影响

对被调查者的身份与其对土地政策合理性的评价做 ANOVA 相关性检验。由表 4—8 可见，被调查者的身份对其评价有显著影响。

表 4-8　对土地政策合理性的评价与被调查者身份的单因素方差分析摘要

		平方和	自由度	均方	F	显著性
评价土地政策一的合理性×被调查者身份	组间	347.800	5	69.560	78.583	.000
	组内	17564.594	19843	.885		
	总计	17912.394	19848			
评价土地政策二的合理性×被调查者身份	组间	334.461	5	66.892	78.599	.000
	组内	16887.549	19843	.851		
	总计	17222.010	19848			
评价土地政策三的合理性×被调查者身份	组间	349.028	5	69.806	83.628	.000
	组内	16563.300	19843	.835		
	总计	16912.328	19848			
评价土地政策四的合理性×被调查者身份	组间	360.749	5	72.150	86.592	.000
	组内	16533.437	19843	.833		
	总计	16894.186	19848			
评价土地政策五的合理性×被调查者身份	组间	326.262	5	65.252	80.234	.000
	组内	16137.867	19843	.813		
	总计	16464.129	19848			
评价土地政策六的合理性×被调查者身份	组间	335.415	5	67.083	80.957	.000
	组内	16442.439	19843	.829		
	总计	16777.854	19848			
评价土地政策七的合理性×被调查者身份	组间	358.293	5	71.659	87.184	.000
	组内	16309.511	19843	.822		
	总计	16667.804	19848			
评价土地政策八的合理性×被调查者身份	组间	346.302	5	69.260	85.469	.000
	组内	16079.864	19843	.810		
	总计	16426.165	19848			
评价土地政策九的合理性×被调查者身份	组间	350.694	5	70.139	85.020	.000
	组内	16369.818	19843	.825		
	总计	16720.512	19848			
评价土地政策十的合理性×被调查者身份	组间	342.949	5	68.590	85.292	.000
	组内	15957.360	19843	.804		
	总计	16300.309	19848			

续表

		平方和	自由度	均方	F	显著性
评价土地政策十一的合理性×被调查者身份	组间	348.435	5	69.687	85.139	.000
	组内	16241.665	19843	.819		
	总计	16590.100	19848			
评价土地政策十二的合理性×被调查者身份	组间	365.757	5	73.151	89.039	.000
	组内	16302.301	19843	.822		
	总计	16668.058	19848			
评价土地政策十三的合理性×被调查者身份	组间	380.792	5	76.158	93.023	.000
	组内	16245.494	19843	.819		
	总计	16626.286	19848			
评价土地政策十四的合理性×被调查者身份	组间	325.153	5	65.031	80.093	.000
	组内	16111.261	19843	.812		
	总计	16436.414	19848			
评价土地政策十五的合理性×被调查者身份	组间	381.266	5	76.253	94.550	.000
	组内	16003.100	19843	.806		
	总计	16384.366	19848			

均值分析发现，被调查者的身份会显著影响其对土地政策合理性的评价。大致的均值大小顺序分别是：旅游投资者＞旅游专业学生＞旅游企业经营管理者＞其他人＞旅游教育、研究和传媒工作者＞旅游行业管理部门工作者。如表4－9所示，总体上，所有身份的群体都认为土地政策合理。其中旅游投资者认可程度最高，最低均值达4.56，其次是旅游专业学生，旅游行业管理部门工作者相对最不认可土地政策的合理性，但其最低均值也达到了4.09。

表 4-9　对土地政策合理性的评价与被调查者身份的关系表

评价土地政策的合理性　被调查者身份	旅游投资者	旅游企业经营管理者	旅游行业管理部门工作者	旅游教育、研究和传媒工作者	旅游专业学生	以上都不是
评价土地政策一的合理性	4.567	4.401	4.116	4.249	4.41	4.376
评价土地政策二的合理性	4.57	4.37	4.11	4.26	4.4	4.36
评价土地政策三的合理性	4.59	4.39	4.12	4.26	4.4	4.38
评价土地政策四的合理性	4.57	4.39	4.12	4.24	4.43	4.36
评价土地政策五的合理性	4.57	4.39	4.13	4.25	4.42	4.36
评价土地政策六的合理性	4.56	4.37	4.11	4.24	4.41	4.34

评价土地政策的合理性 被调查者身份	旅游投资者	旅游企业经营管理者	旅游行业管理部门工作者	旅游教育、研究和传媒工作者	旅游专业学生	以上都不是
评价土地政策七的合理性	4.57	4.38	4.1	4.25	4.4	4.35
评价土地政策八的合理性	4.59	4.37	4.11	4.25	4.41	4.35
评价土地政策九的合理性	4.58	4.38	4.11	4.23	4.4	4.35
评价土地政策十的合理性	4.58	4.38	4.11	4.25	4.42	4.33
评价土地政策十一的合理性	4.58	4.37	4.11	4.23	4.41	4.34
评价土地政策十二的合理性	4.59	4.38	4.09	4.25	4.39	4.33
评价土地政策十三的合理性	4.6	4.38	4.1	4.25	4.41	4.35
评价土地政策十四的合理性	4.58	4.37	4.11	4.25	4.39	4.36
评价土地政策十五的合理性	4.59	4.34	4.1	4.25	4.42	4.37

如图4—5和图4—6所示。

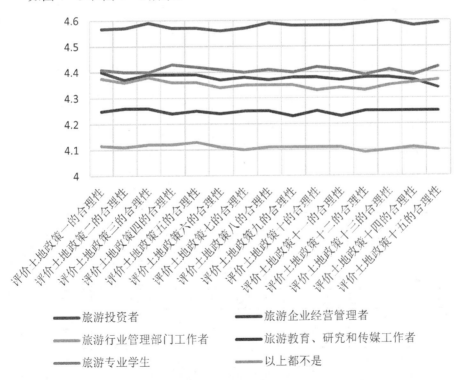

图 4-5　对土地政策合理性的评价与评价者身份的关系图

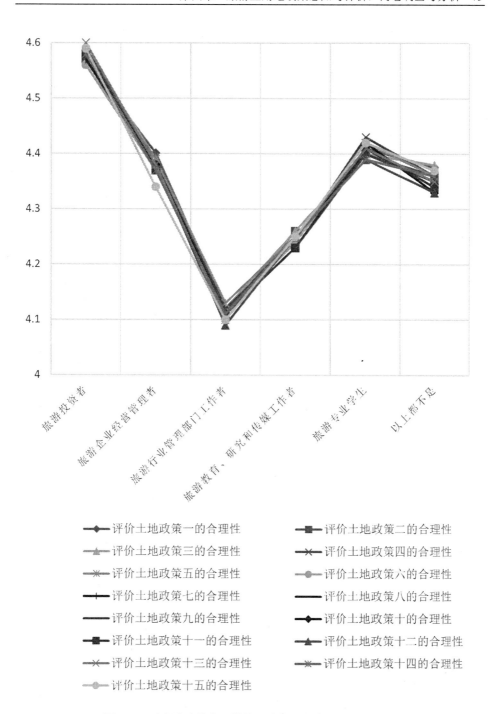

图4-6　对土地政策合理性的评价与评价者身份的关系图

　　总体上，被调查者对不同土地政策合理性的评价存在较大的一致性，这可能是因为被调查者对不同土地政策合理性的认知具有一致性。Pearson 相关和偏相关分析也显示，被调查者身份和对不同土地政策合理性的评价的变量彼此之间存在相关关系。计算不同身份被调查者对不同土地政策合理性评价的最高均值和最低均值差额，旅游投资者，旅游企业经营管理者，旅游行业管理部门工作者，旅游教育、研究和传媒工作者，旅游专业学生和其他身份的被调查者的均值差额分别是：0.04、0.061、0.04、0.03、0.04、0.05。可见旅游教育、研究和传媒工作者对不同土地政策合理性的评价最为一致，旅游企业经营管理者对不同土地政策合理性的评价相对最为分散，但总体上也较为一致。

4. 对土地政策可操作性的评价受被调查者身份的显著影响

　　对被调查者的身份与其对土地政策可操作性的评价做 ANOVA 相关性检验。由表 4-10 可见，被调查者的身份对其评价有显著影响。

表 4-10　对土地政策可操作性的评价与被调查者身份的单因素方差分析摘要

		平方和	自由度	均方	F	显著性
评价土地政策一的可操作性×被调查者身份	组间	291.128	5	58.226		
	组内	17379.607	19843	.876	66.478	.000
	总计	17670.735	19848			
评价土地政策二的可操作性×被调查者身份	组间	298.732	5	59.746		
	组内	16502.707	19843	.832	71.840	.000
	总计	16801.438	19848			
评价土地政策三的可操作性×被调查者身份	组间	315.150	5	63.030		
	组内	16454.201	19843	.829	76.011	.000
	总计	16769.350	19848			
评价土地政策四的可操作性×被调查者身份	组间	355.308	5	71.062		
	组内	16603.834	19843	.837	84.925	.000
	总计	16959.142	19848			
评价土地政策五的可操作性×被调查者身份	组间	343.440	5	68.688		
	组内	16798.096	19843	.847	81.139	.000
	总计	17141.536	19848			
评价土地政策六的可操作性×被调查者身份	组间	302.210	5	60.442		
	组内	16700.822	19843	.842	71.814	.000
	总计	17003.032	19848			
评价土地政策七的可操作性×被调查者身份	组间	348.639	5	69.728		
	组内	16570.954	19843	.835	83.496	.000
	总计	16919.593	19848			

		平方和	自由度	均方	F	显著性
评价土地政策八的可操作性×被调查者身份	组间	305.602	5	61.120	71.953	.000
	组内	16855.583	19843	.849		
	总计	17161.185	19848			
评价土地政策九的可操作性×被调查者身份	组间	327.869	5	65.574	79.363	.000
	组内	16395.375	19843	.826		
	总计	16723.244	19848			
评价土地政策十的可操作性×被调查者身份	组间	314.331	5	62.866	73.985	.000
	组内	16860.958	19843	.850		
	总计	17175.290	19848			
评价土地政策十一的可操作性×被调查者身份	组间	353.100	5	70.620	85.733	.000
	组内	16345.096	19843	.824		
	总计	16698.195	19848			
评价土地政策十二的可操作性×被调查者身份	组间	337.683	5	67.537	79.812	.000
	组内	16791.099	19843	.846		
	总计	17128.782	19848			
评价土地政策十三的可操作性×被调查者身份	组间	335.163	5	67.033	80.128	.000
	组内	16599.976	19843	.837		
	总计	16935.140	19848			
评价土地政策十四的可操作性×被调查者身份	组间	338.422	5	67.684	81.653	.000
	组内	16448.350	19843	.829		
	总计	16786.772	19848			
评价土地政策十五的可操作性×被调查者身份	组间	379.618	5	75.924	92.097	.000
	组内	16358.391	19843	.824		
	总计	16738.009	19848			

　　均值分析发现，被调查者的身份会显著影响其对土地政策可操作性的评价。大致的均值大小顺序分别是：旅游投资者＞旅游专业学生＞旅游企业经营管理者＞其他人＞旅游教育、研究和传媒工作者＞旅游行业管理部门工作者。如表4—11 所示，总体上，所有身份的群体都认为土地政策有可操作性。其中旅游投资者认可程度最高，最低均值达 4.53，旅游行业管理部门工作者相对最不认可土地政策的可操作性，但其最低均值也达到了 4.10。

表 4-11　对土地政策可操作性的评价与被调查者身份的关系表

评价土地政策的可操作性 被调查者身份	旅游投资者	旅游企业经营管理者	旅游行业管理部门工作者	旅游教育、研究和传媒工作者	旅游专业学生	以上都不是
评价土地政策一的可操作性	4.53	4.39	4.12	4.25	4.4	4.35
评价土地政策二的可操作性	4.59	4.4	4.15	4.27	4.41	4.39
评价土地政策三的可操作性	4.61	4.4	4.15	4.27	4.41	4.39
评价土地政策四的可操作性	4.6	4.42	4.12	4.27	4.41	4.38
评价土地政策五的可操作性	4.58	4.4	4.12	4.25	4.4	4.38
评价土地政策六的可操作性	4.59	4.39	4.14	4.25	4.4	4.36
评价土地政策七的可操作性	4.59	4.39	4.11	4.25	4.4	4.36
评价土地政策八的可操作性	4.58	4.38	4.12	4.26	4.39	4.36
评价土地政策九的可操作性	4.58	4.4	4.13	4.25	4.4	4.37
评价土地政策十的可操作性	4.57	4.37	4.11	4.24	4.39	4.35
评价土地政策十一的可操作性	4.6	4.37	4.12	4.25	4.41	4.36
评价土地政策十二的可操作性	4.6	4.39	4.12	4.25	4.38	4.36
评价土地政策十三的可操作性	4.59	4.39	4.12	4.25	4.4	4.35
评价土地政策十四的可操作性	4.59	4.37	4.12	4.28	4.41	4.36
评价土地政策十五的可操作性	4.6	4.37	4.10	4.25	4.4	4.37

　　如图 4-7 和图 4-8 所示，总体上，被调查者对不同土地政策可操作性的评价存在较大的一致性，这可能是因为被调查者对不同土地政策可操作性的认知具有一致性。Pearson 相关和偏相关分析也显示，被调查者身份和对不同土地政策可操作性的评价的变量彼此之间存在相关关系。计算不同身份被调查者对不同土地政策可操作性评价的最高均值和最低均值差额，旅游投资者，旅游企业经营管理者，旅游行业管理部门工作者，旅游教育、研究和传媒工作者，旅游专业学生和其他身份的被调查者的均值差额分别是：0.08、0.05、0.05、0.04、0.03、0.04。可见旅游专业学生对不同土地政策可操作性的评价最为一致，旅游投资者对不同土地政策可操作性的评价相对最为分散，但总体上也较为一致。

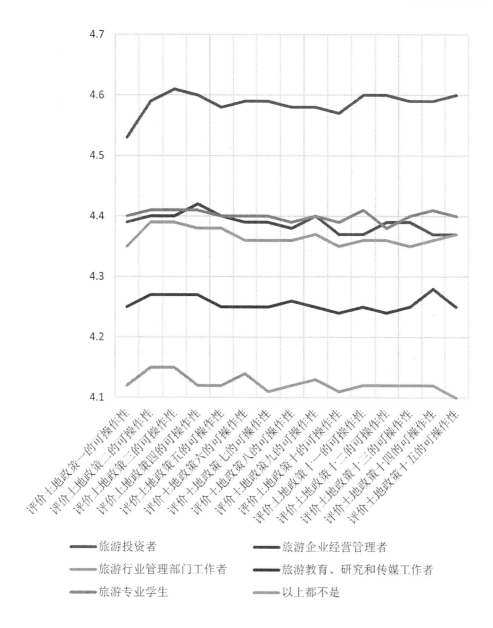

图 4-7 对土地政策可操作性的评价与评价者身份的关系图

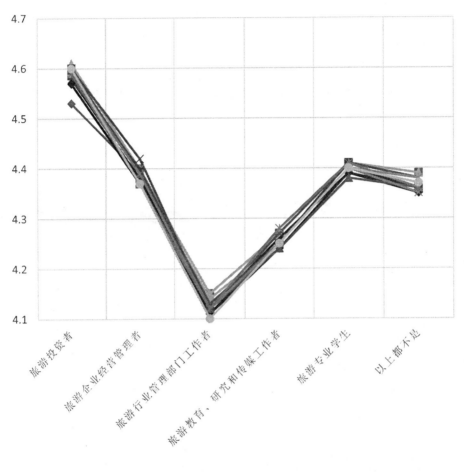

图例：
- 评价土地政策一的可操作性
- 评价土地政策二的可操作性
- 评价土地政策三的可操作性
- 评价土地政策四的可操作性
- 评价土地政策五的可操作性
- 评价土地政策六的可操作性
- 评价土地政策七的可操作性
- 评价土地政策八的可操作性
- 评价土地政策九的可操作性
- 评价土地政策十的可操作性
- 评价土地政策十一的可操作性
- 评价土地政策十二的可操作性
- 评价土地政策十三的可操作性
- 评价土地政策十四的可操作性
- 评价土地政策十五的可操作性

图 4-8　对土地政策可操作性的评价与评价者身份的关系图

5. 对土地政策落实情况的评价受被调查者身份的显著影响

对被调查者的身份与其对土地政策落实情况的评价做 ANOVA 相关性检验。由表4-12可见，被调查者的身份对其评价有显著影响。

表4-12 对土地政策落实情况的评价与被调查者身份的单因素方差分析摘要

		平方和	自由度	均方	F	显著性
评价土地政策一的落实情况×被调查者身份	组间	246.754	5	49.351	41.830	.000
	组内	23410.894	19843	1.180		
	总计	23657.648	19848			
评价土地政策二的落实情况×被调查者身份	组间	210.751	5	42.150	39.370	.000
	组内	21244.263	19843	1.071		
	总计	21455.015	19848			
评价土地政策三的落实情况×被调查者身份	组间	226.400	5	45.280	43.111	.000
	组内	20841.262	19843	1.050		
	总计	21067.661	19848			
评价土地政策四的落实情况×被调查者身份	组间	211.950	5	42.390	39.036	.000
	组内	21548.202	19843	1.086		
	总计	21760.153	19848			
评价土地政策五的落实情况×被调查者身份	组间	216.703	5	43.341	40.437	.000
	组内	21268.021	19843	1.072		
	总计	21484.724	19848			
评价土地政策六的落实情况×被调查者身份	组间	205.680	5	41.136	38.782	.000
	组内	21047.478	19843	1.061		
	总计	21253.158	19848			
评价土地政策七的落实情况×被调查者身份	组间	208.643	5	41.729	39.895	.000
	组内	20754.802	19843	1.046		
	总计	20963.445	19848			
评价土地政策八的落实情况×被调查者身份	组间	233.281	5	46.656	43.644	.000
	组内	21212.573	19843	1.069		
	总计	21445.854	19848			
评价土地政策九的落实情况×被调查者身份	组间	217.068	5	43.414	40.117	.000
	组内	21473.416	19843	1.082		
	总计	21690.483	19848			

		平方和	自由度	均方	F	显著性
评价土地政策十的落实情况×被调查者身份	组间	234.357	5	46.871	44.090	.000
	组内	21094.842	19843	1.063		
	总计	21329.200	19848			
评价土地政策十一的落实情况×被调查者身份	组间	270.858	5	54.172	51.401	.000
	组内	20912.527	19843	1.054		
	总计	21183.385	19848			
评价土地政策十二的落实情况×被调查者身份	组间	259.952	5	51.990	49.580	.000
	组内	20807.521	19843	1.049		
	总计	21067.473	19848			
评价土地政策十三的落实情况×被调查者身份	组间	221.013	5	44.203	40.933	.000
	组内	21428.136	19843	1.080		
	总计	21649.149	19848			
评价土地政策十四的落实情况×被调查者身份	组间	254.476	5	50.895	47.766	.000
	组内	21142.900	19843	1.066		
	总计	21397.376	19848			
评价土地政策十五的落实情况×被调查者身份	组间	244.713	5	48.943	45.481	.000
	组内	21353.391	19843	1.076		
	总计	21598.104	19848			

均值分析发现,被调查者的身份会显著影响其对土地政策落实情况的评价。大致的均值大小顺序分别是:旅游投资者＞旅游企业经营管理者＞旅游专业学生＞旅游教育、研究和传媒工作者＞旅游行业管理部门工作者,其他人对土地政策落实情况的评价和旅游专业学生类似。如表4-13所示,总体上,所有身份的群体都认可土地政策的落实情况。其中旅游投资者认可程度最高,最低均值达4.59,旅游行业管理部门工作者相对最不认可土地政策的落实情况,但其最低均值也达到了4.18。

表 4-13　对土地政策落实情况的评价与被调查者身份的关系表

评价土地政策的落实情况 被调查者身份	旅游投资者	旅游企业经营管理者	旅游行业管理部门工作者	旅游教育、研究和传媒工作者	旅游专业学生	以上都不是
评价土地政策一的落实情况	4.59	4.44	4.18	4.31	4.38	4.38
评价土地政策二的落实情况	4.61	4.47	4.23	4.34	4.41	4.43
评价土地政策三的落实情况	4.65	4.45	4.25	4.36	4.46	4.45
评价土地政策四的落实情况	4.64	4.49	4.25	4.33	4.42	4.42
评价土地政策五的落实情况	4.64	4.48	4.25	4.34	4.44	4.44
评价土地政策六的落实情况	4.64	4.47	4.25	4.34	4.43	4.42
评价土地政策七的落实情况	4.65	4.46	4.26	4.34	4.42	4.44
评价土地政策八的落实情况	4.65	4.48	4.24	4.33	4.42	4.45
评价土地政策九的落实情况	4.64	4.48	4.25	4.34	4.4	4.43
评价土地政策十的落实情况	4.64	4.48	4.24	4.34	4.43	4.43
评价土地政策十一的落实情况	4.65	4.49	4.22	4.34	4.46	4.42
评价土地政策十二的落实情况	4.64	4.48	4.23	4.33	4.44	4.45
评价土地政策十三的落实情况	4.64	4.48	4.25	4.33	4.42	4.43
评价土地政策十四的落实情况	4.67	4.51	4.24	4.34	4.43	4.42
评价土地政策十五的落实情况	4.64	4.46	4.23	4.33	4.44	4.42

　　如图 4-9 和图 4-10 所示，总体上，被调查者对不同土地政策落实情况的评价存在较大的一致性，这可能是因为被调查者对不同土地政策落实情况的认知具有一致性。Pearson 相关和偏相关分析也显示，被调查者身份和对不同土地政策落实情况的评价的变量彼此之间存在相关关系。计算不同身份被调查者对不同土地政策落实情况评价的最高均值和最低均值差额，旅游投资者，旅游企业经营管理者，旅游行业管理部门工作者，旅游教育、研究和传媒工作者，旅游专业学生和其他身份的被调查者的均值差额分别是：0.08、0.07、0.08、0.05、0.08、0.07。可见旅游教育、研究和传媒工作者对不同土地政策落实情况的评价最为一致，其他被调查者对不同土地政策落实情况的评价相对略为分散，但总体上也较为一致。所有身份的群体对土地政策一的落实情况的评价相比其他土地政策较低。

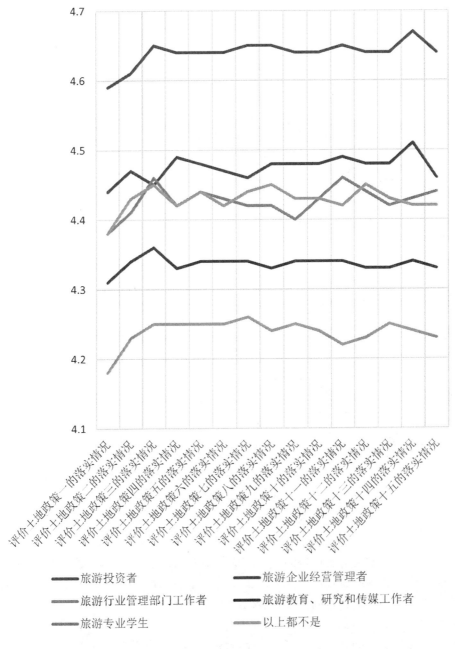

图4-9 对土地政策落实情况的评价与评价者身份的关系图

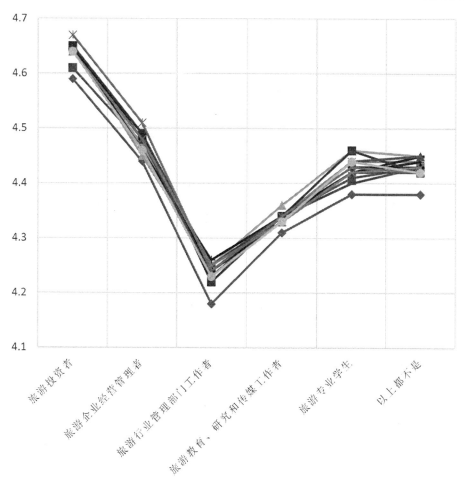

图 4-10　对土地政策落实情况的评价与评价者身份的关系图

6. 对土地政策效果的评价受被调查者身份的显著影响

对被调查者的身份与其对土地政策效果的评价做 ANOVA 相关性检验。由表 4－14 可见，被调查者的身份对其评价有显著影响。

表 4-14　对土地政策效果的评价与被调查者身份的单因素方差分析摘要

		平方和	自由度	均方	F	显著性
评价土地政策一的效果 ×被调查者身份	组间	336.250	5	67.250	62.302	.000
	组内	21418.823	19843	1.079		
	总计	21755.072	19848			
评价土地政策二的效果 ×被调查者身份	组间	296.796	5	59.359	59.795	.000
	组内	19698.375	19843	.993		
	总计	19995.171	19848			
评价土地政策三的效果 ×被调查者身份	组间	329.580	5	65.916	70.164	.000
	组内	18641.609	19843	.939		
	总计	18971.189	19848			
评价土地政策四的效果 ×被调查者身份	组间	317.735	5	63.547	65.280	.000
	组内	19316.265	19843	.973		
	总计	19634.000	19848			
评价土地政策五的效果 ×被调查者身份	组间	337.973	5	67.595	67.324	.000
	组内	19922.718	19843	1.004		
	总计	20260.690	19848			
评价土地政策六的效果 ×被调查者身份	组间	300.002	5	60.000	60.977	.000
	组内	19525.078	19843	.984		
	总计	19825.080	19848			
评价土地政策七的效果 ×被调查者身份	组间	309.382	5	61.876	60.473	.000
	组内	20303.521	19843	1.023		
	总计	20612.903	19848			
评价土地政策八的效果 ×被调查者身份	组间	335.913	5	67.183	67.234	.000
	组内	19827.711	19843	.999		
	总计	20163.624	19848			
评价土地政策九的效果 ×被调查者身份	组间	315.130	5	63.026	63.438	.000
	组内	19714.150	19843	.994		
	总计	20029.281	19848			
评价土地政策十的效果 ×被调查者身份	组间	279.362	5	55.872	54.773	.000
	组内	20241.183	19843	1.020		
	总计	20520.545	19848			

		平方和	自由度	均方	F	显著性
评价土地政策十一的效果 ×被调查者身份	组间	365.935	5	73.187		
	组内	19477.839	19843	.982	74.559	.000
	总计	19843.774	19848			
评价土地政策十二的效果 ×被调查者身份	组间	374.943	5	74.989		
	组内	20032.616	19843	1.010	74.279	.000
	总计	20407.559	19848			
评价土地政策十三的效果 ×被调查者身份	组间	319.310	5	63.862		
	组内	19574.767	19843	.986	64.737	.000
	总计	19894.078	19848			
评价土地政策十四的效果 ×被调查者身份	组间	353.052	5	70.610		
	组内	19670.145	19843	.991	71.231	.000
	总计	20023.197	19848			
评价土地政策十五的效果 ×被调查者身份	组间	352.734	5	70.547		
	组内	19892.418	19843	1.002	70.372	.000
	总计	20245.153	19848			

　　均值分析发现，被调查者的身份会显著影响其对土地政策效果的评价。大致的均值大小顺序分别是：旅游投资者＞旅游专业学生＞旅游企业经营管理者＞其他人＞旅游教育、研究和传媒工作者＞旅游行业管理部门工作者。如表4－15所示，总体上，所有身份的群体都认可土地政策的效果。其中旅游投资者认可程度最高，最低均值达4.59，旅游行业管理部门工作者相对最不认可土地政策的效果，但其最低均值也达到了4.12。

表4-15　对土地政策效果的评价与被调查者身份的关系表

评价土地政策的效果 被调查者身份	旅游投资者	旅游企业经营管理者	旅游行业管理部门工作者	旅游教育、研究和传媒工作者	旅游专业学生	以上都不是
评价土地政策一的效果	4.59	4.41	4.12	4.25	4.37	4.38
评价土地政策二的效果	4.61	4.42	4.18	4.27	4.43	4.39
评价土地政策三的效果	4.65	4.44	4.18	4.31	4.44	4.42
评价土地政策四的效果	4.63	4.43	4.17	4.3	4.43	4.41
评价土地政策五的效果	4.59	4.43	4.14	4.28	4.42	4.41
评价土地政策六的效果	4.61	4.43	4.17	4.27	4.42	4.39

续表

评价土地政策的效果 被调查者身份	旅游投资者	旅游企业经营管理者	旅游行业管理部门工作者	旅游教育、研究和传媒工作者	旅游专业学生	以上都不是
评价土地政策七的效果	4.62	4.4	4.15	4.27	4.4	4.39
评价土地政策八的效果	4.6	4.42	4.14	4.28	4.42	4.39
评价土地政策九的效果	4.62	4.42	4.16	4.26	4.41	4.38
评价土地政策十的效果	4.61	4.41	4.17	4.28	4.39	4.37
评价土地政策十一的效果	4.63	4.42	4.15	4.26	4.44	4.37
评价土地政策十二的效果	4.63	4.4	4.13	4.26	4.41	4.38
评价土地政策十三的效果	4.63	4.41	4.15	4.29	4.42	4.37
评价土地政策十四的效果	4.62	4.41	4.13	4.29	4.42	4.38
评价土地政策十五的效果	4.63	4.4	4.14	4.27	4.43	4.35

如图 4－11 和图 4－12 所示。

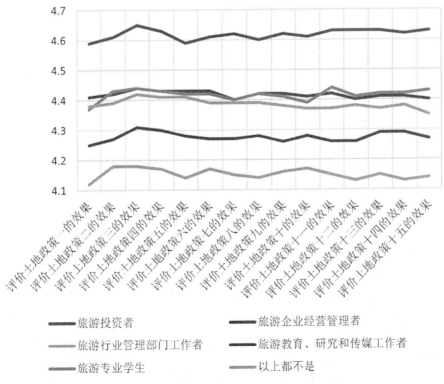

图 4-11　对土地政策效果的评价与评价者身份的关系图

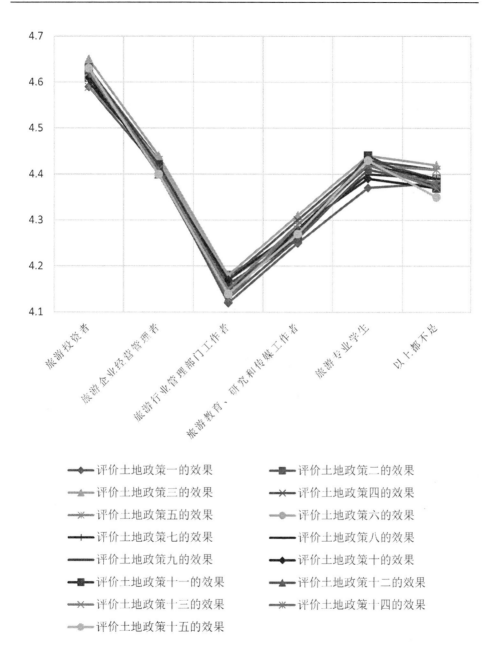

图例：

- ◆ 评价土地政策一的效果
- ▲ 评价土地政策三的效果
- ✳ 评价土地政策五的效果
- ＋ 评价土地政策七的效果
- ━ 评价土地政策九的效果
- ■ 评价土地政策十一的效果
- ✕ 评价土地政策十三的效果
- ● 评价土地政策十五的效果
- ■ 评价土地政策二的效果
- ✕ 评价土地政策四的效果
- ● 评价土地政策六的效果
- ━ 评价土地政策八的效果
- ◆ 评价土地政策十的效果
- ▲ 评价土地政策十二的效果
- ✳ 评价土地政策十四的效果

图 4-12　对土地政策效果的评价与评价者身份的关系图

　　总体上，被调查者对不同土地政策效果的评价存在较大的一致性，这可能是因为被调查者对不同土地政策效果的认知具有一致性。Pearson 相关和偏相关分析也显示，被调查者身份和对不同土地政策效果的评价的变量彼此之间存在相关关系。计算不同身份被调查者对不同土地政策效果评价的最高均值和最低均值差额，旅游投资者，旅游企业经营管理者，旅游行业管理部门工作者，旅游教育、研究和传媒工作者，旅游专业学生和其他身份的被调查者的均值差额分别是：0.06、0.04、0.06、0.06、0.07、0.07。可见旅游企业经营管理者对不同土地政策效果的评价最为一致，其他被调查者对不同土地政策效果的评价相对略为分散，但总体上也较为一致。

四、公众对政策现状问题的总体感知和对创新方向的认识

（一）对旅游业用地政策现状的总体感知

1. 均值和标准差分析

由表4－2可见，被调查者对旅游业用地政策认识和评价的均值都超过4。被调查者比较了解2015年自然资源部等联合印发的文件《关于支持旅游业发展用地政策的意见》，均值为4.36。被调查者认为，近年来旅游业用地指标宽松较多，均值为4.39；近年来旅游业用地成本增加较多，均值为4.27；近年来旅游业用地相关手续办理便利较多，均值为4.26；近年来旅游业用地中的违规现象（如以旅游之名修建别墅、开发房地产、修建高尔夫球场等）减少较多，均值为4.27；与工业用地相比，旅游业用地政策有利较多，均值为4.22；比较有必要出台新的旅游业用地政策，均值为4.16。但是标准差较大，说明被调查者对旅游业用地政策的认识和评价较为离散。其中对近年来旅游业用地指标变化评价的标准差最小，为0.819；评价当前出台新的旅游业用地政策必要性的标准差最大，为1.024。

2. 频率分析

被调查者对《关于支持旅游业发展用地政策的意见》的了解程度较高。如表4－16所示，大部分被调查者非常了解该政策，有11254人，占56.7%，比较了解的有4959人，占25.0%，两者合计占81.7%。在被调查者中，对该政策了解程度一般的有3130人，占15.8%；比较不了解的465人，占2.3%；对该政策一点都不了解的只有41人，占0.2%。

绝大部分被调查者认为，近年来旅游业用地指标变宽松，其中认为宽松很多的有11332人，占57.1%；认为宽松较多的有5502人，占27.7%，合计占84.8%。认为没有变化的被调查者2550人，占12.8%；认为紧张较多或者紧张

很多的仅占 2.4%。

绝大部分被调查者认为，近年来旅游用地成本增加，其中认为增加很多的有 10742 人，占 54.1%；认为增加较多的有 4956 人，占 25.0%，合计占 79.1%。认为没有变化的被调查者 3088 人，占 15.6%；认为减少较多或者减少很多的仅占 5.3%。

绝大部分被调查者认为，近年来旅游用地相关手续办理更加便利，其中认为便利很多的有 10793 人，占 54.4%；认为便利较多的有 4682 人，占 23.6%，合计占 78.0%。认为没有变化的被调查者 3304 人，占 16.6%；认为不便较多或者不便很多的仅占 5.4%。

绝大部分被调查者认为，近年来旅游用地的违规现象减少，其中认为减少很多的有 11058 人，占 55.7%；认为减少较多的有 4533 人，占 22.8%，合计占 78.5%。认为没有变化的被调查者 3089 人，占 15.6%；认为增加较多或者增加很多的仅占 5.9%。

绝大部分被调查者认为，与工业用地相比，旅游业用地政策更加有利，其中认为有利很多的有 10646 人，占 53.6%；认为有利较多的有 4275 人，占 21.5%，合计占 75.1%。认为差不多的被调查者 3676 人，占 18.5%；认为不利较多或者不利很多的仅占 6.3%。

绝大部分被调查者认为，有必要出台新的旅游业用地政策，其中认为非常有必要的有 10379 人，占 52.3%；认为比较有必要的有 3949 人，占 19.9%，合计占 72.2%。认为必要性一般的被调查者 4039 人，占 20.3%；认为比较没有必要或者没有任何必要的仅占 7.5%。

表 4-16　对旅游业用地政策认识和评价的均值统计（单位：%）

对旅游业用地政策的认识和评价均值	1	2	3	4	5
对旅游业用地政策的了解程度	0.2	2.3	15.8	25.0	56.7
评价近年来旅游业用地指标变化	0.6	1.8	12.8	27.7	57.1
评价近年来旅游业用地成本变化	1.0	4.3	15.6	25.0	54.1
评价近年来旅游用地相关手续办理变化	0.8	4.6	16.6	23.6	54.4
评价近年来旅游用地中的违规现象变化	1.0	4.9	15.6	22.8	55.7
评价旅游业用地政策相比工业用地的利弊	0.9	5.4	18.5	21.5	53.6
评价当前出台新的旅游业用地政策的必要性	1.0	6.5	20.3	19.9	52.3

3. 非常了解旅游业用地政策的被调查者认可度非常高，了解程度和认可度之间大致存在正相关关系

Pearson 相关性分析显示，被调查者对旅游业用地政策的不同认识和评价之间存在相关关系，控制任何一个变量，其他变量之间仍然存在显著相关关系，这说明被调查者对旅游业用地政策的认识和评价有较强的一致性。对被调查者对旅游业用地政策的了解程度与对旅游业用地政策的评价做 ANOVA 相关性检验。由表 4—17 可见，被调查者对旅游业用地政策的了解程度对其评价有显著影响。

表 4-17　对旅游业用地政策的了解程度与对旅游业用地政策评价的单因素方差分析摘要

		平方和	自由度	均方	F	显著性
评价近年来旅游业用地指标变化×对旅游业用地政策的了解程度	组间	5957.128	4	1489.282	4017.796	0.000
	组内	7355.603	19844	0.371		
	总计	13312.731	19848			
评价近年来旅游业用地成本变化×对旅游业用地政策的了解程度	组间	6392.110	4	1598.027	2813.580	0.000
	组内	11270.787	19844	0.568		
	总计	17662.896	19848			
评价近年来旅游业用地相关手续办理变化×对旅游业用地政策的了解程度	组间	7089.455	4	1772.364	3269.077	0.000
	组内	10758.630	19844	0.542		
	总计	17848.085	19848			
评价近年来旅游业用地中的违规现象变化×对旅游业用地政策的了解程度	组间	7092.596	4	1773.149	3120.001	0.000
	组内	11277.678	19844	0.568		
	总计	18370.274	19848			
评价旅游业用地政策相比工业用地的利弊×对旅游业用地政策的了解程度	组间	8698.982	4	2174.746	4077.515	0.000
	组内	10583.812	19844	0.533		
	总计	19282.795	19848			
评价当前出台新的旅游业用地政策的必要性×对旅游业用地政策的了解程度	组间	10258.075	4	2564.519	4829.596	0.000
	组内	10537.177	19844	0.531		
	总计	20795.251	19848			

由表 4—18 和图 4—13 可见，均值分析发现，非常了解旅游业用地政策的被调查者对于该政策的评价显著高于其他被调查者，均值都高于 4.7。对旅游业用地政策一点都不了解的被调查者评价一般，介于比较不了解和了解程度一般的被调查者。比较不了解的被调查者评价最低。除了对旅游业用地政策一点都不了解的被调查者，其他被调查者对政策的评价与其对该政策的了解程度成正

比，这说明有必要加强对旅游业用地政策的宣传力度，以增进了解。

表 4-18　对旅游业用地政策的了解程度与对旅游业用地政策评价的关系表

旅游业用地政策评价 对旅游业用地政策的了解程度	一点都 不了解	比较不 了解	了解程 度一般	比较了 解	非常 了解
评价近年来旅游业用地指标变化	3.15	3.04	3.53	4.06	4.83
评价近年来旅游业用地成本变化	3.41	3.14	3.43	3.82	4.75
评价近年来旅游业用地相关手续办理变化	3.17	3.06	3.35	3.82	4.76
评价近年来旅游业用地中的违规现象变化	2.88	3.09	3.37	3.82	4.78
评价旅游业用地政策相比工业用地的利弊	3.24	2.94	3.24	3.69	4.78
评价当前出台新的旅游业用地政策的必要性	3.07	2.78	3.1	3.59	4.77

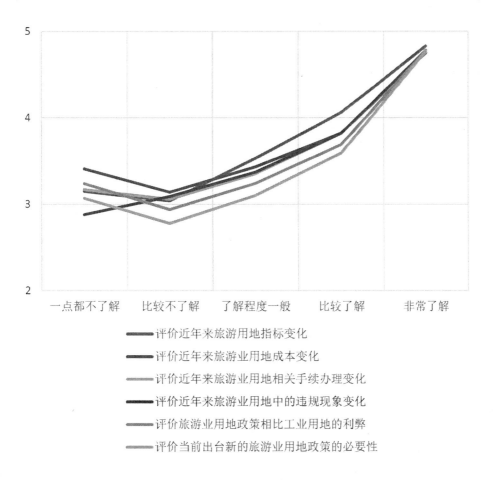

图 4-13　对旅游用地政策的了解程度与对旅游用地政策评价的关系图

4. 对旅游业用地政策的认识和评价与被调查者身份密切相关

对被调查者的身份与其对旅游业用地政策的认识和评价做 ANOVA 相关性检验。由表 4—19 可见，被调查者的身份对其评价有显著影响。

表 4-19 对旅游业用地政策的认识和评价与被调查者身份的单因素方差分析摘要

		平方和	自由度	均方	F	显著性
评价近年来旅游业用地指标变化×被调查者身份	组间	243.611	5	48.722	73.975	.000
	组内	13069.120	19843	0.659		
	总计	13312.731	19848			
评价近年来旅游业用地成本变化×被调查者身份	组间	374.663	5	74.933	86.006	.000
	组内	17288.233	19843	0.871		
	总计	17662.896	19848			
评价近年来旅游业用地相关手续办理变化×被调查者身份	组间	469.222	5	93.844	107.151	.000
	组内	17378.863	19843	0.876		
	总计	17848.085	19848			
评价近年来旅游业用地中的违规现象变化×被调查者身份	组间	465.285	5	93.057	103.129	.000
	组内	17904.989	19843	0.902		
	总计	18370.274	19848			
评价旅游业用地政策相比工业用地的利弊×被调查者身份	组间	620.050	5	124.010	131.853	.000
	组内	18662.745	19843	0.941		
	总计	19282.795	19848			
对旅游业用地政策的了解程度×被调查者身份	组间	357.831	5	71.566	103.383	.000
	组内	13736.199	19843	0.692		
	总计	14094.030	19848			
评价当前出台新的旅游业用地政策的必要性×被调查者身份	组间	689.447	5	137.889	136.087	.000
	组内	20105.804	19843	1.013		
	总计	20795.251	19848			

由表 4—20 和图 4—14 可见，均值分析发现，被调查者的身份会显著影响其对旅游业用地政策的认识和评价。大致的均值大小顺序分别是：旅游投资者＞旅游专业学生＞旅游企业经营管理者＞旅游教育、研究和传媒工作者＞旅游行业管理部门工作者，其他人的认识和评价均值与旅游企业经营管理者类似。总体上，所有身份的群体都对旅游业用地政策持积极态度。其中旅游投资者的态度最为积极，其次是旅游专业学生，其他人的态度和旅游企业经营管理者最为接近，近乎雷同。旅游行业管理部门工作者的态度均值最低，但也都超过了 3.9。

总体上，旅游投资者更倾向于认为旅游用地指标宽松，其次是旅游专业学生，再次是旅游企业经营管理者和旅游教育、研究和传媒工作者，旅游行业管理部门工作者也认为，旅游用地指标宽松较多。

旅游投资者更倾向于认为旅游业用地成本增加很多，其次是旅游专业学生，再次是旅游企业经营管理者和旅游教育、研究和传媒工作者，旅游行业管理部门工作者也认为旅游用地成本增加较多。

旅游投资者更倾向于认为近年来旅游业用地相关手续办理便利很多，其次是旅游专业学生，再次是旅游企业经营管理者和旅游教育、研究和传媒工作者，旅游行业管理部门工作者也认为旅游业用地相关手续办理便利较多。

旅游投资者更倾向于认为近年来旅游业用地中的违规现象（如以旅游之名修建别墅、开发房地产、修建高尔夫球场等）减少很多，其次是旅游专业学生，再次是旅游企业经营管理者和旅游教育、研究和传媒工作者，旅游行业管理部门工作者也认为近年来旅游业用地中的违规现象减少较多。

旅游投资者更倾向于认为，与工业用地相比旅游业用地政策有利很多，其次是旅游专业学生，再次是旅游企业经营管理者和旅游教育、研究和传媒工作者，旅游行业管理部门工作者也认为，与工业用地相比，旅游业用地政策有利较多。

旅游投资者更了解旅游业用地政策，其次是旅游专业学生，再次是旅游企业经营管理者和旅游教育、研究和传媒工作者，旅游行业管理部门工作者也比较了解旅游业用地政策。

旅游投资者更倾向于认为有必要出台新的旅游业用地政策，其次是旅游专业学生，再次是旅游企业经营管理者和旅游教育、研究和传媒工作者，旅游行业管理部门工作者也认为，比较有必要出台新的旅游业用地政策。

表 4-20　对旅游业用地政策的认识和评价与被调查者身份的关系表

旅游业用地政策的认识和评价 被调查者身份	旅游投资者	旅游企业经营管理者	旅游行业管理部门工作者	旅游教育、研究和传媒工作者	旅游专业学生	以上都不是
评价近年来旅游用地指标变化	4.62	4.4	4.22	4.4	4.5	4.39
评价近年来旅游业用地成本变化	4.59	4.31	4.08	4.21	4.39	4.32
评价近年来旅游业用地相关手续办理变化	4.59	4.33	4.04	4.2	4.39	4.33
评价近年来旅游业用地中的违规现象变化	4.62	4.33	4.06	4.22	4.4	4.34
评价旅游用地政策相比工业用地的利弊	4.58	4.31	3.96	4.14	4.36	4.31
对旅游业用地政策的了解程度	4.63	4.39	4.15	4.34	4.48	4.39
评价当前出台新的旅游业用地政策的必要性	4.56	4.26	3.9	4.08	4.32	4.25

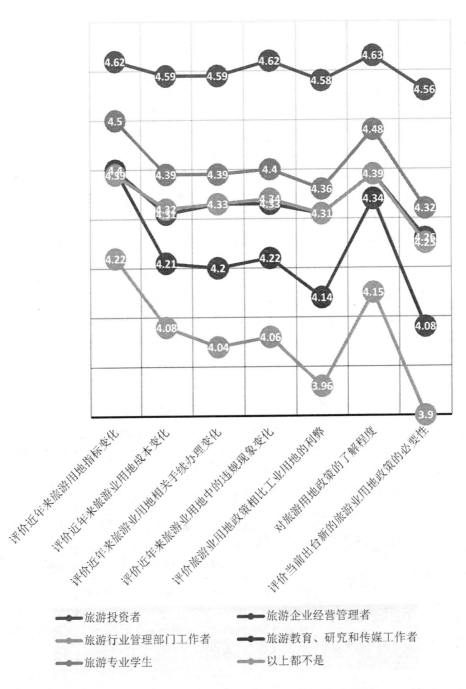

图 4-14 对旅游用地政策的评价和评价者身份的关系图

（二）对旅游业用地政策存在问题的总体感知

由表 4—21 可见，频率分析显示，被调查者认为当前旅游业用地存在的最大问题依次是用地政策存在冲突和不确定，投资风险大，选择中包含该项的占49.6%；办理用地手续太繁，占48.9%；用地成本太高，占43.1%；违规用地现象突出也是比较大的问题，占39.0%。其他的问题还有建设用地指标太少和新业态用地政策不明确，分别占28.7%和22.3%，还有1.1%的被调查者选择了其他问题。有部分被调查者填写了具体内容，其中大多数被调查者认为没有问题，具体内容包括："没有问题""没问题""没有""没有，都很好""都挺好的""一切都好""无""挺好的"。也有一位被调查者写的是"非常多"，但没指明具体问题。还有少数被调查者填写了其他问题，提到的问题分别有："增强执法力度""规范限制太多""人多地少""乱收费""保护环境""政府干预太多""垃圾问题""消费高"。

表 4-21　当前旅游业用地存在的最大问题频率表

		响应		个案百分比
		个案数	百分比	
当前旅游业用地存在的最大问题 a	建设用地指标太少	5704	12.3%	28.7%
	用地成本太高	8560	18.5%	43.1%
	办理用地手续太繁	9701	21.0%	48.9%
	用地政策存在冲突和不确定，投资风险大	9847	21.3%	49.6%
	违规用地现象突出	7738	16.8%	39.0%
	新业态用地政策不明确	4430	9.6%	22.3%
	当前旅游业用地存在的其他问题	213	0.5%	1.1%
总计		46193	100.0%	232.7%
a. 使用了值 1 对二分组进行制表				

由表 4—22 可见，在被调查者选择的当前旅游业用地问题中，旅游投资者认为最大的三个问题分别是"办理用地手续太繁""用地成本太高"和"建设用地指标太少"，分别占选择项总数的21.6%、21.5%和19.4%；旅游企业经营管理者认为最大的三个问题分别是"办理用地手续太繁""用地成本太高"和"用地政策存在冲突和不确定，投资风险大"，分别占其选择项总数的22.1%、20.7%和19.9%；旅游行业管理部门工作者认为最大的三个问题分别是"用地政策存在冲突和不确定，投资风险大""办理用地手续太繁"和"用地成本太高"，分

别占其选择项总数的 24.2%、22.3%和 17.6%，还有第四个问题是"违规用地现象突出"，占 17.5%；旅游教育、研究和传媒工作者认为最大的三个问题分别是"用地政策存在冲突和不确定，投资风险大""办理用地手续太繁"和"用地成本太高"，分别占其选择项总数的 23.2%、19.8%和 17.9%；旅游专业学生认为最大的三个问题分别是"办理用地手续太繁""用地政策存在冲突和不确定，投资风险大"和"用地成本太高"，分别占其选择项总数的 20.9%、20.1%和 18.8%。可见，不同被调查者群体关注到的当前旅游业用地问题较为集聚，但也略有不同。

表 4-22　被调查者身份与其选择的当前旅游业用地存在的最大问题交叉表

			被调查者身份						总计
			旅游投资者	旅游企业经营管理者	旅游行业管理部门工作者	旅游教育、研究和传媒工作者	旅游专业学生	以上都不是	
当前旅游业用地存在的最大问题 [a]	建设用地指标太少	计数	655	764	1041	1142	1028	1074	5704
		占身份的百分比	19.4%	13.9%	10.1%	10.5%	13.0%	13.1%	
		占总计的百分比	1.4%	1.7%	2.3%	2.5%	2.2%	2.3%	12.3%
	用地成本太高	计数	727	1137	1820	1923	1412	1541	8560
		占身份的百分比	21.5%	20.7%	17.6%	17.6%	17.9%	18.8%	
		占总计的百分比	1.6%	2.5%	3.9%	4.2%	3.1%	3.3%	18.5%
	办理用地手续太繁	计数	732	1210	2306	2160	1578	1715	9701
		占身份的百分比	21.6%	22.1%	22.3%	19.8%	20.0%	20.9%	
		占总计的百分比	1.6%	2.6%	5.0%	4.7%	3.4%	3.7%	21.0%
	用地政策存在冲突和不确定，投资风险大	计数	573	1092	2495	2525	1509	1653	9847
		占身份的百分比	16.9%	19.9%	24.2%	23.2%	19.1%	20.1%	
		占总计的百分比	1.2%	2.4%	5.4%	5.5%	3.3%	3.6%	21.3%

			被调查者身份						总计
			旅游投资者	旅游企业经营管理者	旅游行业管理部门工作者	旅游教育、研究和传媒工作者	旅游专业学生	以上都不是	
当前旅游业用地存在的最大问题	违规用地现象突出	计数	381	822	1801	2035	1367	1332	7738
		占身份的百分比	11.3%	15.0%	17.5%	18.7%	17.3%	16.2%	
		占总计的百分比	0.8%	1.8%	3.9%	4.4%	3.0%	2.9%	16.8%
	新业态用地政策不明确	计数	304	445	826	1085	948	822	4430
		占身份的百分比	9.0%	8.1%	8.0%	9.9%	12.0%	10.0%	
		占总计的百分比	0.7%	1.0%	1.8%	2.3%	2.1%	1.8%	9.6%
	当前旅游业用地存在的其他问题	计数	12	10	29	36	59	67	213
		占身份的百分比	0.4%	0.2%	0.3%	0.3%	0.7%	0.8%	
		占总计的百分比	0.0%	0.0%	0.1%	0.1%	0.1%	0.1%	0.5%
总计		计数	3384	5480	10318	10906	7901	8204	46193
		占总计的百分比	7.3%	11.9%	22.3%	23.6%	17.1%	17.8%	100.0%
百分比和总计基于响应									
a. 使用了值 1 对二分组进行制表									

（三）对旅游业用地政策创新方向的认识

由表 4—23 可见，频率分析显示，被调查者认为当前旅游业用地政策创新方向依次分别是出台更明确、具体的政策，选择中包含该项的占 54.4%；出台更宽松、有利的政策，占 50.3%；出台更具可操作性的政策，占 47.5%。其他的政策创新方向还有出台针对新业态的专门政策，占 35.5%；出台更系统的一揽子政策，占 26.7%；出台和用地相关的财政、金融、工商等政策，占 15.4%。还有被调查者提出一些其他的创新方向，占 0.7%，具体内容有"加强管理""荒地的合理开发利用""部门用地审批权""保护环境"。

表 4-23 旅游业用地政策创新方向频率表

		响应		个案百分比
		个案数	百分比	
旅游业用地政策创新方向 a	Q24.出台更系统的一揽子政策	5293	11.6%	26.7%
	Q24.出台更宽松、有利的政策	9986	21.8%	50.3%
	Q24.出台更明确、具体的政策	10788	23.6%	54.4%
	Q24.出台更具可操作性的政策	9432	20.6%	47.5%
	Q24.出台针对新业态的专门政策	7044	15.4%	35.5%
	Q24.出台和用地相关的财政、金融、工商等政策	3047	6.7%	15.4%
	Q24.旅游业用地政策创新的其他方向	132	0.3%	0.7%
总计		45722	100.0%	230.3%
a. 使用了值 1 对二分组进行制表				

由表 4-24 可见，在被调查者选择的旅游业用地政策创新方向中，旅游投资者认为主要的三个创新方向分别是"出台更宽松、有利的政策""出台更明确、具体的政策"和"出台更系统的一揽子政策"，分别占其选择项总数的 23.7%、22.8%和17.8%；旅游企业经营管理者认为主要的三个创新方向分别是"出台更宽松、有利的政策""出台更明确、具体的政策"和"出台更具可操作性的政策"，分别占其选择项总数的 24.0%、22.9%和20.3%；旅游行业管理部门工作者认为主要的三个创新方向分别是"出台更明确、具体的政策""出台更宽松、有利的政策"和"出台更具可操作性的政策"，分别占其选择项总数的 25.0%、22.4%和21.9%；旅游教育、研究和传媒工作者认为主要的三个创新方向分别是"出台更明确、具体的政策""出台更具可操作性的政策"和"出台更宽松、有利的政策"，分别占其选择项总数的 24.2%、21.7%和20.7%；旅游专业学生认为主要的三个创新方向分别是"出台更明确、具体的政策""出台更宽松、有利的政策"和"出台更具可操作性的政策"，分别占其选择项总数的 22.5%、20.7%和19.6%。

表4-24 被调查者身份与其选择的旅游业用地政策创新方向交叉表

			被调查者身份						
			旅游投资者	旅游企业经营管理者	旅游行业管理部门工作者	旅游教育、研究和传媒工作者	旅游专业学生	以上都不是	总计
旅游业用地政策创新方向[a]	出台更系统的一揽子政策	计数	608	673	977	1077	1032	926	5293
		占身份的百分比	17.8%	12.5%	9.6%	10.1%	13.0%	11.4%	
		占总计的百分比	1.3%	1.5%	2.1%	2.4%	2.3%	2.0%	11.6%
	出台更宽松、有利的政策	计数	808	1294	2271	2219	1646	1748	9986
		占身份的百分比	23.7%	24.0%	22.4%	20.7%	20.7%	21.5%	
		占总计的百分比	1.8%	2.8%	5.0%	4.9%	3.6%	3.8%	21.8%
	出台更明确、具体的政策	计数	777	1231	2533	2595	1786	1866	10788
		占身份的百分比	22.8%	22.9%	25.0%	24.2%	22.5%	22.9%	
		占总计的百分比	1.7%	2.7%	5.5%	5.7%	3.9%	4.1%	23.6%
	出台更具可操作性的政策	计数	588	1092	2220	2321	1560	1651	9432
		占身份的百分比	17.2%	20.3%	21.9%	21.7%	19.6%	20.3%	
		占总计的百分比	1.3%	2.4%	4.9%	5.1%	3.4%	3.6%	20.6%
	出台针对新业态的专门政策	计数	390	799	1574	1779	1251	1251	7044
		占身份的百分比	11.4%	14.8%	15.5%	16.6%	15.8%	15.4%	
		占总计的百分比	0.9%	1.7%	3.4%	3.9%	2.7%	2.7%	15.4%

续表

			被调查者身份						总计
			旅游投资者	旅游企业经营管理者	旅游行业管理部门工作者	旅游教育、研究和传媒工作者	旅游专业学生	以上都不是	
出台和用地相关的财政、金融、工商等政策		计数	231	286	551	685	643	651	3047
		占身份的百分比	6.8%	5.3%	5.4%	6.4%	8.1%	8.0%	
		占总计的百分比	0.5%	0.6%	1.2%	1.5%	1.4%	1.4%	6.7%
旅游业用地政策创新的其他方向		计数	9	6	23	28	24	42	132
		占身份的百分比	0.3%	0.1%	0.2%	0.3%	0.3%	0.5%	
		占总计的百分比	0.0%	0.0%	0.1%	0.1%	0.1%	0.1%	0.3%
总计		计数	3411	5381	10149	10704	7942	8135	45722
		占总计的百分比	7.5%	11.8%	22.2%	23.4%	17.4%	17.8%	100.0%
百分比和总计基于响应									
a. 使用了值 1 对二分组进行制表									

第五章 旅游业用地政策感知与评价：访谈与分析

上一章介绍了课题组针对旅游业用地政策感知与评价的问卷调查。为更加全面地了解利益相关群体对旅游业用地政策的感知与评价情况，课题组还专门或结合其他项目就旅游业用地问题做了多次访谈。我们发现，访谈结果和问卷调查结果既有一致的地方，也有不同之处。

一、访谈的基本情况

从 2019 年 11 月到 2020 年 10 月期间，课题组共对 16 人就旅游业用地政策感知与评价问题做了访谈。访谈对象包括文旅企业 5 人，乡村旅游经营者和村民 5 人，政府部门 6 人。访谈形式为半结构化访谈，在访谈过程中有意识地引导被访人回答对旅游业用地政策的了解情况、旅游业用地存在的主要问题以及旅游业用地政策诉求等内容。

二、对旅游业用地政策的了解程度

从问卷调查结果来看，大多数被调查者对于旅游业用地政策都比较了解。比如前面提到，被调查者对《关于支持旅游业发展用地政策的意见》的了解和比较了解的占比高达 81.7%。在实地访谈中我们发现，确实有的人对旅游业用地政策很了解，比如 2020 年 7 月我们对山西某旅游投资运营商 L 的访谈，他对旅游业用地政策的思考深度不亚于专家。但我们同时发现，也有一些旅游业相关人员对旅游业用地政策了解很少。比如 2019 年 11 月在山东省聊城市做的访谈，一位国有文旅企业管理人员就表示他对旅游业用地并不了解：

这个用地政策我还真不太了解。我们是国有企业，自己也有土地的开发资质，现在容易一些。去年我们跟××公司谈的时候，一下拿出来三块地。

（山东某文旅企业管理人员 F，2019 年 11 月 15 日）

当采访者追问这三块地的性质时，他再次表示不清楚。

Q（采访人，下同）：这三块地是农田转的，还是原先工业用地转的？

F：这个不太清楚。

（山东某文旅企业管理人员 F，2019 年 11 月 15 日）

另一位文旅局的工作人员 J 虽然对旅游业用地的情况比较熟悉，但是对于政策条款也不是很了解：

Q：2015 年《关于支持旅游业发展用地政策的意见》的文件，咱们了解吗？

J：我们科室知道这个事，省里关于旅游业用地下发了一个文件，根据就是这个文件。

Q：近年来国家出台了很多关于旅游业用地的政策，咱们了解吗？

J：不太了解。

（山东某文旅局工作人员 J，2019 年 11 月 14 日）

为什么不了解政策，缺少经验是一个重要原因。这几年文旅产业发展迅速，很多企业或企业管理人员都是新进入旅游领域的，或者新进入某个特定旅游领域的。在 2020 年 6 月的一次访谈中，山西一个国有文旅企业旅游项目开发经理 Z 直言不讳地说：

您要去过那个地方，就知道，它是一个孤零零的庙，我们去了以后想给它做周边的提升改造。但当时我们还都是门外汉，大家也不知道该怎么做……可能最大的问题是经验不足，我们感觉搞不太清楚这个地方的规划，将来能真真正正落在这块土地上的是什么。

（山西某文旅企业经理 Z，2020 年 6 月 21 日）

文旅企业自己不了解，就去找规划公司。Z 提道：

然后领导就说，既然我们都不知怎么做，那好，我们当时有钱，就找国内知名的、顶尖的（规划公司）来给我们做……我们花了非常大的代价去做这些规划，因为在领导看来，也包括我们在内，都是刚刚接触旅游，规划为先是个好的路径，没有规划确实我们也不知道下一步应该怎么做，你要我们自己去考虑，我们也弄不清楚怎么弄。

（山西某文旅企业经理 Z，2020 年 6 月 21 日）

但是规划公司对于土地政策也不是很熟悉：

我拿着规划给我身边的专家看，他们看完以后说这就是一个放之四海而皆准的东西，说白了，就是一个套路，所有的都一样……但是遇到的最大问题实际上才刚开始，第一个是文物的土地政策性问题。规划公司是不会给你讲这些的……

（山西某文旅企业经理 Z，2020 年 6 月 21 日）

在涉及文物保护利用时，环评是必须的，但是企业和规划公司都不清楚：

我们是基于××祠在做，它是国保单位，当然也有一、二、三条线，还有保护范围，如一级监控区、二级监控区、三级监控区。当时××县文物局的局长跟我们说是有这么回事，你们得做一个环境整治方案或环境影响评估报告，说明你们的所有开发行为对古建筑有没有影响，可我不知道找谁做呀……后来我们找人做了环评，又去找规划公司沟通，但规划公司依然坚持说做了这么多规划，没有见过要做这个环评的。

（山西某文旅企业经理 Z，2020 年 6 月 21 日）

由于对于土地政策不熟悉，企业可能付出了很大的努力，拿到指标才发现土地性质不对。

我们把材料报上去，批下来的是风景名胜用地。我们本想根据市场新需要，做一些民宿项目，弄不成，也不是不能做，但风景名胜用地是 40 年，只能租不能卖，不是商业用地，如果我们想转土地性质，还得再重新走一遍所有的流程，但其实我们已经走一遍了。

（山西某文旅企业经理 Z，2020 年 6 月 21 日）

2020 年 6 月，课题组在河北省保定市对狼牙山风景区周边 3 位乡村旅游经营者和 1 位村民进行了访谈，发现他们对于旅游业用地政策更加不了解，只知道要搞旅游就去盖房。

　　Q：您这是自己的房屋吗？

　　B：对，我自己的房屋，建成 3 年了，刚开始盖没手续，搁置了差不多一年零六七个月，罚了点钱后就让盖了。

　　Q：盖房的时候有没有什么限制或者困难？

　　B：基本上没什么困难，刚开始没手续不让盖。后来说让办手续，办好就同意盖了。这是我们的地，种玉米也长不好，种树也长不高，后来就盖房，当时什么也不懂，没手续不让盖，后来周围都开发了，都盖起来也就同意了。

　　Q：您盖房需要什么手续？在哪办？

　　B：就是建设用地、商业用地的手续。经过村里、乡里同意，最后到××管委会，都同意就让盖了。

　　……

　　Q：当时盖房有没有享受什么支持性政策吗？

　　B：没有，我这没有。那会盖房 20 多万元放地基，这房都弄下来花了 80 多万元，一下欠了 60 多万块钱的账，租出去两年，后来家里人都打工挣钱，现在还有 20 多万元的账。没有贷款，施工的工资可以欠着，拖着就是价格高点，高点就高点，也没现金。

　　（河北保定某乡村旅游经营者 B，2020 年 6 月 14 日）

　　接受访谈的村民也只是模模糊糊知道办民宿需要办证，具体是什么证并不清楚。

　　Q：咱们这有办住宿的，或像民宿之类的吗？

　　C：有，好像得办什么证才行，我也不清楚是什么证，得办证才行。

　　（河北保定某村民 C，2020 年 6 月 14 日）

　　综合访谈和问卷调查结果，我们觉得，对于旅游业用地政策的推广还有待加强。问卷调查之所以会呈现出了解政策的人占绝大多数，这有网络调查的因素，因为绝大多数填写问卷的人是对旅游业用地政策感兴趣、有了解的人，不了解的人他回答不了，而且我们在遴选有效问卷时，还剔除了部分回答对政策一点也不了解的问卷。在现实中，对旅游业用地政策了解的人之所以比较少，一个重要原因是土地政策比较专业，自己没有亲自办理手续可能就不会真正了解，哪怕是一些多年从事旅游业的人员也是如此。进一步说，从纸面上了解政策和在操作中了解政策是两回事，熟知政策条文并不代表真正了解政策，在操作中可能会碰到各种各样的具体问题。

三、旅游业用地政策及其执行中的问题

（一）政策有效期将截止

目前旅游业用地执行的最主要政策是 2015 年三部门印发的《关于支持旅游业发展用地政策的意见》，但这一政策有效期是五年，2015 年 11 月印发，有效期应该是到 2020 年 11 月截止。私营性质的山西某旅游投资运营商 L 注意到了这个问题，在接受访谈的过程中指出：

旅游业用地目前主要执行的是 2015 年的文件，但马上也要到期了，执行 5 年了。

（山西某旅游投资运营商 L，2020 年 7 月 3 日）

（二）政策实施细则不够

近年来国家出台了很多涉及旅游业用地的政策，但大多比较笼统，缺少相应的实施细则。山西某旅游投资运营商 L 提道：

当前主要是文件的细则不够……当时三部委共同发布的文件，实际上已经很细了，但是地方执行的时候会"抠字"，为啥会产生这种情况呢？因为审计和纪检会跟在后面追查的。追查啥呢？正常的应该是"法无禁止即可为"，但现在到下面是"法无明确规定的就不可为"，比如把一个杯子放凳子上，放什么凳子、怎么放、啥时间放都要说出来，只要不说出来，光说放凳子上，没人敢放。审计和纪检委追查下来，谁让你放了，你说文件上说可以放，但文件没有规定怎么放，啥时间放，什么性质的企业可以放，就会出现这种追查的问题。下级各部门就会一层一层抠字，文件没问题，但实施细则不够，文件出台以后应该紧跟一个实施细则，到底哪些地属于旅游性质，哪些不是，这是问题的关键。现在出的文件和鼓励支持政策很多，每次都笼统说几句。现在旅游业用地最主要执行的是《关于支持旅业发展用地政策的意见》，若再调整的话应该把这些后续执行细则考虑进去。

……像《关于支持旅游业发展用地政策的意见》写到"出让底价可按不低于土地取得成本、土地前期开发成本和按规定应收取相关费用之和的原则确定",对成本价,地方的理解很复杂,如城市管网要加进来,失业保证金也要加进来,七加八加比原来还贵。就好像一个月生活成本是多少,你要写清楚生活成本包括哪些,如吃饭、穿衣服,否则开车加油、唱歌娱乐都被包含进去,所以文件细则至少要写清楚成本价的基本项。

（山西某旅游投资运营商 L，2020 年 7 月 3 日）

（三）旅游业用地指标少，拿地难度大

多个访谈对象都表示和工业用地相比,用于旅游业发展的建设用地指标少,旅游业用地更加困难。这个和问卷调查结果差异较大。问卷调查结果显示,多数被调查者认为与工业用地相比,旅游业用地政策有利较多。究其原因,估计是很多被调查者参与实践较少,对土地政策特别是工业用地政策并不了解。

Q：近年来旅游业用地的指标，您觉得是什么情况？

J：应该是越来越难了。

Q：少了，是吗？

J：对。之前我们很多项目,其中大部分是旅游项目,它们都是因为土地指标不合格被全部拆掉,今年我们撤了好几家 A 级景区都是这种情况,全拆了,没办法。

Q：农家乐吗？

J：有农家乐，也有景区，还有比较大的景区，好几个 3A 景区都是这种情况。

Q：当前旅游业用地的最大问题是什么？

J：还是建设用地。

Q：是建设用地指标太少吗？

J：对。不管是我们招商招来的,还是各种业态的旅游项目,落地的时候,最难过的就是土地这一关,相当麻烦。像环评,如果出钱我们自己做个环评就好说了。就用地这一块来说,除非是市里同意招商过来的项目,一般的小项目,尤其是旅游,在申请用地方面比较困难。

（山东某文旅局工作人员 J，2019 年 11 月 14 日）

江苏无锡有一个全省唯一的滑翔伞基地,因为受土地制约不能搞配套,严重影响了其有效经营,这是用地指标限制旅游业发展的一个典型案例。

Y：真正放手让他们做的话，可以做得很好，只要给 10 亩（1 亩＝0.06 公顷，下同）地，给别人也行，能够搞一些配套项目。

Q：花山项目的老板反应最强烈的就是没有配套，即没有吃住的地方。

R：现在是没有土地资源给他，政府怎么可能呢，那边一亩地几百万元，十亩地几千万元没了。

Y：给五亩也行。你说想发展，怎么发展呢？

Q：那个地方有没有置换的方法吗？如村里面的宅基地、集体建设用地？

Y：如今我们市里做事情比以前难很多，以前可以打擦边球的现在打不了。

Q：其他有些地方也做了。

Y：其他地方政策相对松一点。开放精神，创新要撞破头，不撞破头哪里是硬的哪里是软的不知道。

（江苏无锡某文旅局工作人员 R、Y，2020 年 11 月 27 日）

J 在接受访谈时还介绍了两个具体情况：

省里下发了用地文件，每个地市报项目给批，一个项目是 200 亩，我记得是报了两次，报了四个项目，最终拿到手的只有一个项目……你看我们有的被拆掉的景区他们自己运作，现在有的已经争取了一部分用地，在咱们这重新再建。其实他们发展旅游的愿望很强烈，就是没有地。

（山东某文旅局工作人员 J，2019 年 11 月 14 日）

和工业用地相比，旅游用地更加困难。

Q：与工业用地相比，现在旅游业用地的政策是有利还是更不利？

J：肯定工业用地好申请一些，旅游业用地申请很麻烦……旅游业用地不如工业用地、个人用地那么好申请，它划下来的指标就少。

（山东某文旅局工作人员 J，2019 年 11 月 14 日）

另一位工作人员 P 也表示：

以前好多都是工业用地性质，没听说过有保留旅游业用地的指标。

（山东某文旅局工作人员 P，2019 年 11 月 14 日）

为什么旅游业用地难拿，和旅游项目投入比较大、投资回收时间长有一定关系。

> P：旅游业用地毕竟投入比较大，产出比较少。
>
> J：投资回收时间比较长。
>
> P：不如商业项目投资回收快……国家要求山东省的粮食产量比较严。用地本身就紧张，耕地能转的很少。
>
> Q：工业转也不舍得。
>
> P：工业用地一年就可能超旅游用地十年的收入。我们不是旅游大市，规划当中，很少考虑这方面，不像旅游强市强省，将旅游纳入整体规划。
>
> ……
>
> J：旅游业用地不如工业用地、个人用地那么好申请，它划下来的指标就少。
>
> P：主要还是存量太少了，规划的时候就没有存量，工业用地最起码现在还有不少存量。
>
> Q：现在就靠转是吗？
>
> P：现在旅游业用地只能靠转，只能靠调出来补偿农田，但这个现在也很难……旅游用地是多少年？应该是四十年，商业用地也是四十年，都是四十年。四十年，基本上他投三十年，收回成本最后十年，而且中间的政策不连续，风险比较大。
>
> （山东某文旅局工作人员 J、P，2019 年 11 月 14 日）

（四）旅游业用地成本高

J 和 L 等都提到旅游业用地成本问题。L 还指出，旅游业用地很多地块地处偏远，本来用途有限，产生的价值也有限，但是旅游开发时必须按照商业用地来处理。

> 房车执行的是旅馆业用地政策，它是商业用地，是最贵的地，但房车都在郊区，或在偏远地区，按商业用地就存在一个问题——地价最贵，各地都有一个基础地价，包括住宅用地、工业用地、商业地，其中商业用地是最贵的，所以这是房车很难落地的一个原因。
>
> （山西某旅游投资运营商 L，2020 年 7 月 3 日）

（五）旅游业用地手续复杂，涉及多方面政策制约

旅游业用地并不是单一的用地，办个旅游业用地许可就行，而是涉及横向、纵向等不同方面的政策。

1. 相关部门的用地许可

旅游业发展在用地方面的问题不只是建设用地指标的限制，还涉及许多特殊类型的用地问题，比如农田、水利、林地、湿地、文物等。这些部门的政策对旅游业用地形成了很大制约。有时一块地可能叠加好几种特殊类型，每一个用地类型都需要办一些特定的手续。L 提道：

旅游土地的问题几乎都集中在这儿了，这里是郊区，大多是大山，涉及土地形态多，如林地、水利，尽管有时候可能只用一点点地，但是所有手续都得办啊。想起浙江的裸心谷，建在树上，其他省份想都不用想，在林区树顶上建房子，按国家法律都是违建。像裸心谷，以前楼上露台上可以烧烤，现在都改成电烤的，而且它是季节性的，冬季两个月容易失火。现在山上非常潮湿，不易失火，这也是常识。

（山西某旅游投资运营商 L，2020 年 7 月 3 日）

Z 也提到，××祠的开发至少涉及文物、湿地、基本农田等几种类型的用地。文物利用需要做环评，需要有文物保护规划，湿地开发利用涉及湿地保护政策，基本农田利用涉及农田保护政策，这给用地带来了很多新的困难。

据 Z 介绍，他们的项目用地总共有 200 多亩，花了 3 年多时间，走了 17 个相关部门的手续，但还没有完全结束，严重影响了项目进度。在目前的体制下，每个部门各管一块，每个部门对于其他部门负责的事情不关心，很少配合。就旅游业而言，文旅部门之外的部门对旅游发展普遍不太上心。Z 提到他们的项目因为涉及湿地保护，需要了解湿地保护范围，搞清楚核心区、缓冲区和试验区，然后才能真正进行项目的规划。但是当他们到林业部门了解湿地保护情况时，遇到了很大困难。

我们到××林业局要这个湿地保护范围，但人家不给，说是保密的。我们磨蹭了很长时间，也不给，拍张照片就算是给面子了……（后来）××林业局告诉我们说，湿地范围扩大了，我们当时就懵了，做了这么多而且一直在沟通中，湿地范围怎么突然就扩大了呢？我们想看一下图吧，没有图，保密不能看。但可以肯定的是，把××祠全划进去了。这意味着我们不能开发了，我们当时就慌了，已经花了上千万元了。

（山西某文旅企业经理 Z，2020 年 6 月 21 日）

旅游项目开发必须了解湿地保护范围，不然就违反了政策，林业部门会来处理，但林业部门又不告知具体范围，这样旅游开发就没办法进行。Z 还提到项目开发需要做生态影响评估报告，统一放到林地可行性研究报告里，做这个报告也遇到了很多麻烦。

> 更奇葩的是，报告必须春天做，要配图，给的理由是要看实际的自然风光是啥样？
>
> （山西某文旅企业经理 Z，2020 年 6 月 21 日）

有些部门忙于各种事务，很多工作开展得不够扎实，缺乏开拓发展的基础资料。前面提到的缺乏基础规划属于这种情况。再如 Z 提到的有关湿地保护范围的图。

> 他们找了一个 20 世纪 90 年代的手绘图，是手绘图呀，然后通过电脑转成矢量图。我追问他们，怎么能拿 20 多年前的图上报，城镇化发展到今天，变化太大了。他们说，我天天那么多会，不可能一个个县跑去。我说，我们可是花了好几千万元啊，不可能因为一个湿地图就啥也不能做了吧。
>
> （山西某文旅企业经理 Z，2020 年 6 月 21 日）

有些部门工作人员对政策也不熟悉。

> 当时我和老总商量怎么做这个报告，也问了身边很多人，包括文物局在内，其实他们也不清楚到底是什么。
>
> （山西某文旅企业经理 Z，2020 年 6 月 21 日）

旅游业用地由于横向牵涉面太广，经常产生政出多门、无人负责的状况，一个部门出台的政策另一个部门不仅不知道、不关心，甚至不同部门的政策之间可能会产生冲突。有些地方对旅游发展比较支持，用地指标的事情容易解决，但是涉及很多相关部门的审批，这对旅游项目开发形成了制约。Z 提道：

> 这时候林业局和文物局的工作就"碰"上了，文物有保护条例，会告诉你这儿要建啥，我说你看文物局批了，一个是法，一个是条例，那我到底应该是听国家文物法呢还是应该听山西省湿地保护条例呢。林业局的人说：我不管，反正我们这儿不行……
>
> 土地开发问题具体到县里，不是啥大事，因为土地是县里能解决的，他们

有指标，包括土地性质的变更在县里的层面就能解决，往上报都是备案，其实很容易，反而林业、文物这些部门真的不容易，这也是山西文旅发展不起来的原因之一吧。

（山西某文旅企业经理 Z，2020 年 6 月 21 日）

2. 不同层级的用地许可

从纵向来看，旅游业用地可能涉及县、市、省乃至国家不同层面的审批。而纵向牵涉太多，审批的程序和周期复杂，使得政策落地更加困难。如 Z 提道：

××县 2014 年请××设计院做过一个这样的规划，但是不批，等了四五年都没批下来。材料报送的过程可能会出现各种各样的沟通问题，但涉及部门多，没有人操心，这可能是最大的问题吧。

（山西某文旅企业经理 Z，2020 年 6 月 21 日）

3. 相关手续办理

如果是一般的工业用地、商业用地，通过招拍挂完成相关程序即可，但是旅游业特别是乡村旅游发展很可能是利用现有建筑，因而就需要办理安全、消防等相关手续，这样的建筑才能合法用于旅游经营。

Q：这房子最早是用来做什么的？

X：原来是村委会的办公房，老的村委大楼。

Q：现在也是消防手续办不下来？

N：嗯，等着呢。

Q：现在民宿的经营权是民营的？

N：算是租的，以前是村委会办公楼，是民营的。他们不用了，我们租下来，这边跟××湖是紧邻的，以前租下来，但没有动它，因为这个地方没有民宿，我们做了第一个吃螃蟹的人，所有的领导都是支持的，但是证办不下来。

Q：主要卡在哪个地方？

S：不清楚卡在哪个地方。

Y：主要是公安这块。

S：公安没有，公安已经说过了。

Y：消防，说房子的消防要合法。

X：这个房子没有图纸，房子的安全鉴定做不了，消防证就拿不下来。装潢、消防工程是没问题的，可以按照要求做。

Y：市委书记对你们的项目评价很高，好像是下面的部门卡住了。

S：不是这样的，我们现在政策还没有到位，会慢慢改进。

Q：现在已经对外营业了？

S：试营业，还不能叫正式对外营业。

……

Q：这个项目已经投入了多少钱？

S：差不多600万元。

Q：包括租金吗？

X：装修和房屋改造，房租不在里面。

Q：合同租金签了多少年？

S：签了20年，放在那边已经闲置10年了。

Q：那续签呢？

S：续签以后再说。

Y：村委会好办，这个房子已经不用了。

S：昨天市委书记来了，旧房改造和规划都有牌子，可以看一下。

X：这是整体规划，二期规划方向没有。总共要投3000亩土地，现在开发的只有1000多亩。

S：民宿就是要有特色。

X：这不是一般意义的民宿，算比较高端的民宿。

Q：对我们来说主要是了解政策，这个项目发展起来，从政府规划来说主要是政策导向。有些什么样的难题？

Y：实际上是把大家捆死了，我们都急。

X：已经开始试运转起来了，对你影响不大，先不用着急。

S：不是，我是急以后，我们现在什么人都没找，因为已经找不到了，属于什么部门都找不到的阶段了。因为找谁都很支持，但是政策还没有。

X：现在市政府都很关心这件事。

Q：这算是市里面目前唯一一家营业的民宿？

X：不是，其他地方也有，但也不规范。镇里没有别的，这个片区在进行美丽乡村改造，有些闲置的民房准备改成民宿，已经在改造了。

Q：自己改还是村里统一改？

X：都是投资老板把村里房子租下来之后再改造。

（江苏无锡某民宿负责人S，江苏无锡某镇干部X，2020年11月25日）

（六）缺乏基础规划

旅游业用地要和相关规划衔接，但是由于旅游业用地往往并不在城区成熟的地块，而是在郊区、农村等地区，很可能并没有制定规划，从而使得旅游业用地很难操作。

没有城区范围以外的规划，是各地普遍存在的问题。现在规划局并到自然资源局了，但只管城市范围以内的规划，城市范围以外的规划谁来管？没人给你出基础规划。现在的土地政策说乡镇府批准就可以了，但也明确不了，没人管。现在我们处的位置就是这种情况，没人管，都是找了关系，给办一办。

……当初没人给出土地用途的基础规划，找了很多部门，最后找到了市长，区里给出了一个前期基本规划，我们才把土地证拿回来，但现在建筑规划又没人给出了。不管怎样，现在就是不明确。

（山西某旅游投资运营商 L，2020 年 7 月 3 日）

旅游业用地涉及特殊类型用地，有时也需要前置规划。如文物保护利用方面，就需要前置文物保护规划。但有时这个前置规划或者没有，或者规划太老已经不合时宜，也给旅游业发展造成了不少麻烦。

问题是，我们想做的项目和这个规划有出入，而这个规划是 2014 年做的，当时规定文物前边不允许有任何的拆迁，土地性质不能有任何的变化，要维持文物周边环境风貌的统一。按这样我们也就没办法干下去了。

（山西某文旅企业经理 Z，2020 年 6 月 21 日）

（七）没有清晰的旅游业用地概念和分类

旅游业用地政策存在一个根本性的问题，就是没有文件清晰地界定什么是旅游业用地，有些什么类型。旅游业用地性质复杂，在没有界定清晰的时候，容易导致部门之间的扯皮，加大了旅游业用地审批难度。

现在，像政策允许"四荒地"做乡村旅游，但是土地归类里就没有旅游，如房车划在旅馆业，影视城划在商业用地，风景名胜用地也是住建局批的。林业部门原来有国家公园，地质部门有地质公园，各部门都有各自的规划并且很明确，但是一牵扯在一起，互相不承认，现在国家为了解决这个问题，成立了行政审批局，并在一起的初衷是好的，一站式审批，但又出现的问题是什么呢？

在审批局内部，各窗口各科室又职责不明，没办法，还是操作规定不细。

（山西某旅游投资运营商 L，2020 年 7 月 3 日）

（八）对旅游业用地的公益性考虑不足

旅游业不只是产业，它也具有很强的公益性。特别是有些旅游项目、旅游设施的公益性更强。目前旅游业用地政策对此考虑不足。

L：还有康养问题。现在养老设施严重缺乏，民政部很着急，其他部门不着急，我们当初报了一块养老用地，十几亩非营利性养老用地，但自然资源局说不能批，我说为啥呢，现在政府鼓励民营企业参与养老服务，我们想打造"康养小镇"。

Q：我看这个项目名字里就有"康养小镇"。

L：是，我们得报啊，除了营利性的，我们也建了养老楼，为国家做点贡献，但自然资源局说，不行，不能给你供地，康养用地只有一种取得形式，就是划拨，但你们是民企，若纪检委来审计，说为啥给你们，是不是存在利益输送等，所以我们没法给你供地。

Q：这么说只能国企进入，是吗？

L：是，只有国企可以做康养项目。

（山西某旅游投资运营商 L，2020 年 7 月 3 日）

（九）乡村旅游用地存在特殊困难

农村的土地和城市的土地性质不同，使用场景也不同，这使得乡村旅游业用地政策要更为复杂，存在一些特殊的问题。

1. 宅基地及附着物相关问题

宅基地是一类特殊的建设用地。近年来随着城镇化的发展，农村很多住宅都闲置了，或者有多余的房间，这是乡村旅游发展可以利用的重要资源。利用农村住宅适当改造，可以形成农家乐、民宿等不同接待设施。宅基地及其附着物的使用、转让比较复杂，不仅涉及产权分割和交易，也涉及房屋安全、消防安全、旧房改造等问题。

依托农村住宅搞旅游，从 20 世纪 80 年代开始兴起到现在普遍存在的一种形式就是"农家乐"，主要是依托景区、交通等做些吃住配套，一般不对住宅做大的改造，经营者主要是房主及家人。例如，河北省保定市狼牙山风景区周边的乡村旅游经营大多采用的就是这种模式。

Q：开民宿的一般是本地人还是外地人？

C：本地人，用的是自己的房屋。

（河北保定某村民 C，2020 年 6 月 14 日）

有家农家院主要从事餐饮，他就是自己经营的，他觉得如果承包其他人的很难赚到钱。

Q：咱们这有外地人租地和房屋经营农家院吗？

N：有，如果外地人承包我这个农家院，都挣不了钱。如果自己经营，辛苦点挣个工钱，要是再加承包费就挣不了钱。

Q：承包一年租金是多少呢？

N：不清楚，二三万元的会赔，三四万元的也会赔，最高的承包费达到几十万元，像我们这样的小院就挣个工钱。现在提倡开农家院，不收费，要是再收其他费用根本就挣不了钱。

……

Q：怎么当时没有弄吃住都有的呢？

N：一开始就没弄住宿，主要是人太少，弄不了，雇人的话没人，不雇人的话弄不了，摊太小。

（河北保定某农家院经营者 N，2020 年 6 月 14 日）

另一个农家乐经营者之前把房屋出租了，但新冠疫情期间承包不出去又把房屋收回来了。房屋是他自己建的。另据了解，他说的搞承包的外地人其实就是市里面的人和外省人合伙。

B：之前我这承包出去了，今年新冠疫情没人，人家也不包了，就自己弄吧。

Q：之前承包的是本地人吗？一年租金是多少钱？

B：不是，是外地人，他们合伙承包，一年租金 11 万元。

Q：您这是自己的房屋吗？

B：对，我自己的房屋，建成 3 年了，刚开始盖没手续，搁置了差不多一年零六七个月，罚了点钱，后来就让盖了。

（河北某乡村旅游经营者 B，2020 年 6 月 14 日）

本课题组还对当地一个酒店的经理进行了访谈，据他说他和老板都是本地人。

Q：那您是本地人吗？

D：是，我就是旁边村的，咱们这打工的都是这附近的人。

Q：那老板是本地人还是外地人？

D：老板也是本地人。

Q：这块地是租的吗？

D：这个不清楚，之前这就是一片荒地。经常路过这也没太注意。

Q：酒店什么时候建成的？

D：2015 年建的，现在趁着这段时间（注：指新冠疫情期间）翻新。我来这也就两年，大学毕业后过来的。

（河北保定某酒店经理 D，2020 年 6 月 14 日）

从用地角度考虑，本地人从事乡村旅游经营有优势，本地人有自己的房屋、承包土地使用权和当地的社会关系，这使得他们在处理用地和相关事务时更加便利。本课题组在狼牙山风景区周边调研时发现，当地乡村旅游经营者并不觉得用地是关键问题。

Q：咱这个农家院都办了什么手续？

N：没有住宿只吃饭，所以有营业许可证、卫生证和健康证，没有这个不行。

Q：当时办手续麻烦吗？

N：不麻烦，我们这是老房，自己的房屋，自己盖房，大概从 1968 年分家到这，最早开农家院的是 1999 年。我们 2005 年开农家院，刚开始什么手续都不用办，提倡办农家院，后来成了规模之后要办各种手续。

Q：办证需要在哪办？需要自己去县城办理吗？

N：不用，每年某月份通知人们到大酒店，如果错过了办理时间，就需要自己去县城办理，太麻烦。现在形成规模后，到时通知人们统一办理，不费事。

……

N：我们没开成住宿，住宿是住几个人登记几个人，都要传到网上去，不能随便住，像我们没有手续的，已经叮嘱过了，千万不能住宿，免得让不合适的人住。

（河北保定某农家院经营者 N，2020 年 6 月 14 日）

当然，不是所有村民都可以利用自己的房屋搞旅游。村民C在接受访谈时提到不在路边不好开农家院，租的话不一定合算。

Q：我看这条路两边都是开农家院的，你们家开农家院吗？

C：我们没有开，没守着道边，我们是村里边的，往村里去就没有农家院了，只是路两边有。

Q：你们没有想过在路边租个地方开农家院吗？

C：没有，没守着道边开不了农家院。家里孩子都不在家，在外边打工，我们只卖一些家里的农产品。开农家院的不一定都挣钱，有的农家院吃饭的人多，有的就没什么人。

（河北保定某村民C，2020年6月14日）

近些年乡村旅游发展一个突出的现象是民宿的兴起。更准确地说，现在所说的民宿应该叫特色民宿，和农家乐最大的区别在于其往往附有文化和审美的情趣，而不只是满足吃住等功能，它适应了人们的更高旅游需求。既然如此，民宿的建设往往需要对原有住宅做较大的改造，同时还需要设计者和经营者具有较高的审美能力，这可能不是房主本人能胜任的，这就使得民宿经营者中外来者较多，在这种情况下用地等相关问题也就变得更加突出了。

课题组2020年11月在江苏省无锡市一个乡镇调研时发现，该镇民宿刚开始发展，仅有一两家，和当地全国领先的经济发展水平不匹配。制约当地民宿发展的最大问题不是资金，而是用地及相关政策。当地不仅对民宿房屋安全、消防安全管理得很严，而且很长时间里不准对老房进行改造。

X：说到民宿，在我们这里很难发展起来，为什么？它的门槛太高，我们这里参照浙江搞了一些民宿的规定，这个规定对我们来说还很高，因为浙江民宿已经发展很多年，是第二代第三代了。我们这里还是利用农民家里闲置的房屋开发民宿，按照规定，首先房屋安全性要有监管部门鉴定合格，可是住建部门按照安全标准检测后肯定都是违法的，农村的房子大都是20世纪80年代、90年代初建造的，如果严格来讲都是违法，证肯定不给，这第一关就卡住了。还有后续的，比如说原来农民的房子改成民宿以后，相配套的洗手间可能需要修一个附属的建筑物等，有很多问题，很多条条框框没办法突破。

Q：包括消防安全、房屋安全？

X：对，房屋安全、消防安全是相互关联的，房屋安全报告需要房子图纸，老房子哪有图纸，安全没有鉴定书，消防就过不了关，后续的经营不就结束了吗？都说要依法行政，没有相关的法律依据，打擦边球不行。现在我们这里说要按照浙江的要求办，这个部门要认可，那个部门也要认可。

......

Q：这一块整个都属于农村用地，不属于城镇用地吧？

X：是耕地，附近应该是农用地。

Q：从道理上说农民盖房子是可以自己选择的。

X：宅基地是有规划的。

Q：是有一定规划，但相对比较灵活。

X：但是我们这边，好多年前就不允许新建、翻建、改建、扩建。

Q：如果不允许，他的老房子也不能翻建吗？

X：这就是个问题，老房子有的是危房了，以前极端的时候这种危房也不能动，得去城里买房子。曾经发生过这种情况，房子漏水了，他要翻修，但不允许，这种规定是有问题的。现在我们发现了这个问题，应该向昆山、张家港学习怎么弄？规划一个地方，相当于新农村或者说集中居住，统一来建，原来的房子可以置换，自己需要掏 30 万元。规划的房子还蛮漂亮的，比如一个小别墅，大约 300 平方米。现在我们搞试点，房子统一建，但是农民的积极性不高，因为统一建就掏 30 万块钱，还要装修才能住进去，现在老房子住的还行。这样的问题，有钱的人无所谓，没钱的人就是问题。

（江苏无锡某镇干部 X，2020 年 11 月 25 日）

2. 林地和耕地占用问题

乡村旅游项目经常涉及林地和耕地的占用问题。相对于招拍挂的城市商业土地，使用林地和耕地的手续更复杂，涉及和村集体、村民等多方的协调。如需要建设，占用林地和耕地还需要调整规划，改变土地性质。

H：这是我去年做的一个远景规划，本来设想是这样的，把山的这一边规划成一个航空飞行营地，集合了很多项目，包括展览馆、房车营地等，通过这些项目吸引游客，让很多人都来看看。

Y：问题是土地性质。

Q：这边土地性质主要是林地？

X：对，是林地。

H：前阵子，我发现现在一些土地已经被转变成农地。不过，不是我们一家有这样的问题，全国大部分航空飞行营地都有。因为在航空飞行营地，滑翔伞是利用山形起飞的，山顶可能是山地林地，山下可能就是农地。所以国家体育总局，跟一些委办局每年都在反复讨论这个问题，怎么样来改革改制。

Y：我觉得好像谁都很难突破。

Q：有红线。那我们现在的楼房就属于临时建筑吗？

H：我们这个是集装箱搭起来的，算是临时建筑。

……

H：滑翔伞项目好在哪里？相对来讲对用地面积要求不大。但是这个项目的问题是，如果能把人引来，是否能住得下，是否能够产生二次消费，但我这边没有住宿餐饮。

Y：如果批 10 亩地也行，或者 5 亩地也行，就可以做住宿餐饮的配套。

X：这是我们旅游发展最大的障碍。

Y：这个障碍不突破，企业家不愿意投资。其实也无须自己投资的。

H：想投资的人很多，比如山上做一些不破坏园林的项目，利用山形做的栈道项目，最终放不下心的就是万一不让做了，白投资了。

Q：现在这些地是租农民的？

H：这个地是村集体的，是租赁的。地面 20 亩，山上多一点。

Y：如果给你建设用地，5 亩也行，就彻底解决了。

H：我计划在靠近城市的这边山做以游乐为主的项目，因为靠近城市，站在山上一看，长江尽在眼底，山下游乐设施供游人来玩。结合山形，可以做蹦极、高空秋千项目，它不破坏园林，不破坏生态环境，又如房车营地、动物园、航空科普馆。

（江苏某体育旅游企业管理人员 H，江苏无锡某镇干部 X，江苏无锡某文旅局工作人员 Y，2020 年 11 月 25 日）

一般说来，旅游业发展并不需占用优质林地和耕地，但问题是有些普通林地和耕地在多轮置换中变成基本农田，这就很难调整了。

现在我们县 97% 是基本农田了，普通农田只占 3%，很难调出来，国家规定基本农田是不让动的，普通农田能动，但很少了。

（山东某文旅局工作人员 P，2019 年 11 月 14 日）

在山西的一次访谈中，我们还获知一件非常好笑但又很辛酸的事情。由于政策在执行中出现变形走样，有时会给旅游项目开发带来想不到的问题。

我们想在黄河悬崖绝壁上做一个观景平台，开发高空体验项目。这个时候发现，该项目不只涉及林地问题，还掺杂着农田问题。这是一个普遍问题，就是县里在平时调基本农田的时候就乱调，它要占比平衡，把一些烂地划到农田里，而现场看根本不是农地，也就是说，像我们遇到的悬崖掺杂了农田。

（山西某文旅企业经理 Z，2020 年 6 月 21 日）

由于农村土地的特殊性质，点状用地政策应该说为乡村旅游发展提供了一条路径，如浙江裸心谷实施的就是点状用地政策。从实践来看，在很多地方这一政策还没有得到充分发挥。

一是点状供地申请比较复杂。

点状涉及基本农田、一般农田、路、林地，林地又细分，如果点状征地的话，土地性质多难办理，而且这个工作又特别容易在前期被忽略，所以，我们还在一步一步走手续。

（山西某文旅企业经理 Z，2020 年 6 月 21 日）

二是点状供地规模非常有限。

Q：像您说的项目应该是有规划的吧？作为一个比较重要的项目，能不能单独申请用地指标？

X：这很难申请下来。

Q：点状用地的政策应该是有的，作为市里体育旅游的一个重点项目用地，申请几亩用地。

X：这个政策允许，但实际操作很难。××项目，我们作为地方政府、街道，反复向上级争取，但是据我了解，我接触这个项目五六年，领导换了两届，还是没有办成。

X：可能这个项目还不够大。

Q：关于土地政策，有的松，有的严。

X：江苏特别严，浙江要灵活一点。

（江苏无锡某镇干部 X，2020 年 11 月 25 日）

3. 集体建设用地相关问题

近年来我国对农村土地制度不断进行调整，总体来说是越来越灵活和宽松，比如允许集体建设用地上市。但从调研情况来看，这一政策的实施还需要时间。

H：我说实在不行，有个闲置仓库，改造一下，建成展览馆。

Q：是什么仓库？也是村里的？

H：以前是烟花仓库。

X：属于村里的地，但烟花仓库是市里的。

Q：现在政策不是允许农村的集体用地上市吗？

Y：但是这个政策可能还没有正式开始。

Q：租是一直没有问题的。

Y：租期不长。

Q：你可以租20年或30年都是没问题的。

（江苏某体育旅游企业管理人员H，江苏无锡某镇干部X，江苏无锡某文旅局工作人员Y，2020年11月25日）

（十）旅游业用地政策存在不稳定性

旅游业用地政策不稳定，有时宽松，有时严格，对旅游业发展也造成了很大影响。一个典型的例子是大棚房问题。以前很多地方鼓励乡村旅游发展，建设了一批大棚房，从事餐饮和接待，用的多是农业设施配套等名义，打政策的擦边球，有的建设规模还很大，地方上多是睁一只眼闭一只眼。但前两年国家出台政策，严厉打击大棚房，一刀切地拆了很多，给投资商和经营者造成了很大损失。另一个典型的案例是别墅。"秦岭别墅"事件之后，各地打击取缔了一批别墅类项目，其中包括旅游项目。

这次拆了以后，大家都比较谨慎了，他们投资几千万元，拆了全部算亏损了……特别是土地，这两年对旅游的冲击挺大的，对农家乐、小别墅、大棚餐饮等冲击也很大，我们这地方也一样。因为近几年发展旅游力度比较大，大家基本上都是靠这一个模式。

（山东某文旅局工作人员J，2019年11月14日）

大棚房整治对乡村旅游发展造成了很大冲击。

Q：这边大棚房整治抓得严吗？

Y：损失很大。为什么？很多地方投资几个亿，全部损失了。你说完全都不符合手续吗？他肯定也向上级部门申请汇报的，当然也有个别自己想建就建出来的。

（江苏无锡某文旅局工作人员 Y，2020 年 11 月 25 日）

这种情况与政策不稳定和没有实施细则有很大关系。如果从一开始明确什么样的房子不能建，就不会给投资者带来那么大的损失。

Q：你这里有吃住吧？

M：目前有的，去年大部分都拆了。

M：还是不要想农用设施配套房了，直接买一块地。

Q：以前您走的就是设施房吗？

Y：地弄下来了吗？

M：昨天国土局、规划院让我把精确的点位，也就是盖房子的主干点位弄好。今年要把规划修改好之后，明年的指标答应我了。

Y：有多少亩？

M：可能有二十几亩，这样既有民宿，又有快捷酒店。

……

Q：我们前两天在其他地方听说，民宿在土地方面有很多问题，这边好一点？

G：这边也难。

Y：现在改变土地的性质很困难。

Q：刚才 M 说您以前的大棚房走的是设施用地，是吗？设施用地在我们这边是百分之几的比例？5%？3%？

G：对，3%。

M：我总共有 500 亩地，当时说可以有 10 亩地的配套设施，我也不要 3%，2%就可以，其实我只配套了百分之零点几，但到后面还是不行。

G：当时是大棚房整治的时候，设施用房可以，但是不能用于其他用途。

Q：对，我知道政策规定只能是存放农机具的。

G：对，农机具，还包括材料。

M：食堂不行，住宿不行，工人住也不行。

G：像这种雕梁画栋的建筑完全不承认是设施用房。

Q：也就是说，尽管你在这个比例之内的也不承认？

Y：损失了 400 多万元。

M：对，400 多万元，全部建筑。

Q：那时候也没给补偿，是吧？

M：没有，当时全部建筑都拆了。

Q：现在你说做民宿的地是什么性质呢？

M：我现在做民宿，是规划调了之后，政府把那个变成商业用地我再买。

Q：他现在已经招拍挂了？

G：还没有，还在调规划。

M：规划调好之后，把这个建设用地指标给我。

Q：土地性质变商业用地。

M：对，商业……

Y：他不是不愿意投资，土地性质变了他还是愿意投资的。

G：当时我们这里有餐饮、农家乐、民宿，已经建起来了。

Q：那么现在农村的房子可以改建、扩建吗？

G：可以。

Q：昨天去那里，他们说十几年都没有改建。

G：有要求的。

Y：它是分期分批的，分期分批又是10年、20年，你还等着……

（江苏无锡某民宿负责人 M，江苏无锡某镇干部 G，江苏无锡某文旅局工作人员 Y，2020 年 11 月 26 日）

与政策稳定性相关的还有政策信用问题。有些地方为了吸引投资，提出了很多用地方面的优惠政策，但企业真正投入后政策并不一定能够完全兑现。

现在还存在政策透支问题。××森林公园，一个集团，政府引进后让人家大量绿化，答应政策配套20%用地，但是现在还配套不了，相当于这家企业被套住了，因此政策信用也值得反思。欠发达地区把好多企业拖垮了，财政没有钱，要办事就引进企业投资，而这种开发纠纷非常多。

（山西某旅游投资运营商 L，2020 年 7 月 3 日）

（十一）旅游业用地政策执行尺度不一

各地方在执行国家政策时把握的尺度并不相同，有的地方较为宽松，有的地方较为严格，这导致同样的项目在有的地方能够落地，而有的不行。这与地方办事风格有关，和前面提到的旅游业用地政策缺乏实施细则也有一定关系。从调研情况来看，对旅游业用地政策的把握与经济发展水平并没有必然的联系，有的经济发达地区对用地卡得很严，经济欠发达地区对用地放得很松，但也不乏相反的情况。

我们在江苏省无锡市某地调研时发现，当地对旅游业用地管理比较严格，包括前面提到房屋改造等方面的管理，也包括对道路用地、临时建筑用地等的管理。

Q：你这里是不是想办法也修一个田埂或者村里面的道路？

H：我经常跟我们的书记说，得想办法嘛。

Q：要村里修一条路，村里不能修吗？

X：这个需要政府协调，比如农田当中修一条机耕路，方便大型机械进出，同时又可以他用。

Q：现在不是还能做消防道、森林防火道吗？

X：相当于农用设施，借农业设施的名义修一条路。

H：上次我去衡水参观，他们怎么做？现在国外有那种，国内也生产的塑料跑道，只要做好整个铺上去，种草坪，不用修柏油路或水泥路，将来不用了撤掉就行。

Q：那也挺好的，相当于临时建筑，不破坏地。

X：临时建筑，随时可以恢复原样。

H：不像铺柏油路、水泥路，恢复起来也很难。

……

Q：现在我们这有房车营地吗？

Y：没有真正的房车营地，都是乱停的，像这种地方完全可以做。

Q：很多地方木屋和绿皮火车都可以放的，要说有什么土地许可证它也没有。

Y：我们市管理比较严格。

（江苏某体育旅游企业管理人员 H，江苏某镇文旅工作人员 X，江苏无锡某文旅局工作人员 Y，2020 年 11 月 25 日）

近年来海南省利用国家出台的自贸区、国际消费中心等政策优势，在旅游业用地政策特别是乡村旅游用地政策方面做了一些创新，较好地缓解了乡村旅游项目用地的问题。

Q：这么大的项目，预计什么时间完工？

W：海南很快的，省委省政府刚公布了54号文件，即18条新措施（注：《关于大力发展农村市场主体壮大农村集体经济的十八条措施》），大力推动乡村旅游建设，我们会很快，2年到3年建设运营一体化就要完成的。根据自贸港，我们有很多创新做法。

……对闲置的地，闲置的宅基地、建设用地，甚至公益地，我们的 54 号文写得很清楚，有解决办法。

（海南某国有旅游投资公司管理人员 W，2020 年 11 月 7 日）

有一些政策比较模糊，比如农村道路、森林防火通道、架空观景台、木屋等相关政策的执行，海南则相对更为宽松。

Q：现在国家对生态保护、国家公园开发都有保护红线，这个怎么办？

W：我们都在边界之外，在国家公园的核心腹地与边界之间，是空的，因为有老百姓生活在这儿，都迁到哪儿去？国家公园不是纯保护，可以搞生态旅游，点状供地。如这个地方的梯田观景台，直接就可以升上去。

Q：那即使踏空，不也是在林地上空吗？

W：国家规定，8 米宽的路是不占土地指标的，是农田基本设施，这是新的政策，农民逢年过节回老家，大多数人都有车，所以现在的政策是农村的道路 8 米宽，不用报建。像我们现在做的观景台，在现有道路上，往上面伸 1 米，形成像遮阳棚似的，一分都没有占农田。栈道有规定，宽不要超过 1.2 米，林间步道是允许的。瞭望塔，每个国家公园必须建，占地不超过 1 亩，是用于森林防火的，我们在这个空间，一分的基本农田都没有增加，叫因地制宜。现在施行多规合一，一般林地国家规定可以做点状供地，森林防火瞭望塔建好后，这个点就做出来了，梯田承载量也上去了，道路有几种，如电瓶车道、农用车道、步道，还有外部的道路，都是现成的，我们开发不用多修路，只是完善它、改造它。按照旅游循环需要，改造现有乡村道路体系。

Q：这么大体量的开发，土地是一个问题，怎么可能两三年就完成呢？

W：我们得益于多规合一，还有马上要启动的新一轮村庄规划。国家的村庄规划也是乡村振兴的规划，原来农村是分散的房子，浪费很多空间，既浪费土地，又显脏乱差，游客不愿进来，通过新一轮村庄规划解决这些问题。

对于整村怎么搞，现在国家政策比较明确，一方面，自家的宅基地确定了，一宅一户，多余的可以拿出来参与合作。所有权不是村集体的，就是个人的。一宅一户是个人的，村集体的你有收益权，这是土地政策的突破。另一方面，社会资本和村集体的合作，目前海南有六七种方式……

……（引入的某品牌酒店）用地已经有土地指标，按国家政策，5% 可以用作建设用地。但我们基本没用这个政策。

（海南某国有旅游投资公司管理人员 W，2020 年 11 月 7 日）

四、旅游业用地政策诉求

对政策的诉求和对政策的感知密切相关，旅游业用地政策及其执行中的问题就是政策创新的着力点。除此之外，访谈对象还明确提到了一些政策创新方向。

（一）增强政策可操作性

山西某旅游投资运营商 L 就旅游业用地政策及其执行提出了很多问题，同时也希望在未来的政策中明确旅游业用地概念分类，细化政策，增强可操作性。

现在基层工作者有些不知所措。虽然政策放宽了，但需要一步步层级细化，具体落实到我们这些实际的项目上，但现在还没有。政策完全放松不可能，只要你不违反哪几条，剩下随便干，这更不可能。我们需要细则，即啥叫旅游用地？有多少个类别？每个类别怎么落地？等等。其实总结一句，先得搞清楚什么是旅游用地。例如停车场，让我以商业用地去买？停车场应该有明确的公共服务用地，划拨或者按照工业用地价格购买，这里强调一下，文件若是用"按照"而不是"参照"，这就好执行了。我们理解各部门都有难处。

还有别墅问题，我们开发"康养小镇"就遇到了问题。"秦岭事件"造成的影响非常大，触碰了生态红线，像浙江、四川、广东，要不是住宅用地，商业用地都不受限，可以有多种形态，浙江以前按住宅等批的别墅，全部转换成商业用地，而有些省份就拆了。比如我们"康养小镇"的国医馆，市政府认为这个形式好，国医馆办得很有特色，突破了传统的呆板形象，他们觉得没有任何问题。但自然资源局认为不能这样，小楼二层晚上要是住人，明显就是别墅。我们现在的处境很尴尬，建楼必须 3 层以上，可我们是"康养小镇"，不适合建高楼。大家理解不一致，我们没办法。

还有一个问题，旅游用地中关于区和市之间的关系。县是个行政单位，它有独立的规制，有独立的审批权力，区则很尴尬。区里面的政策往往执行不了，它没有相关的权力，得受市的管理，它作为分支机构，材料报到市里，又得走市里面的一套新流程，特别复杂。理想的状态是城市规划范围以内就由市统一来管，规划范围以外，由区里来执行，但现在是什么情况呢？市里说，我只管规划范围以内的，但区里也没有规划权力，规划范围以外这么大的地，谁来管？像我们这种在矿山改造上引进建设的"康养小镇"项目就是真空地带。该项目政府很支持，统一牵头各部门开会解决，但大家干着急。

……

应该制定实施细则。要干部挂职基层，要蹲点，确实需要这种做法。现在是，要细则，操作性强就好。

（山西某旅游投资运营商 L，2020 年 7 月 3 日）

（二）对政策进行系统化创新

旅游业用地政策非常复杂，单一的政策很难满足实践需要，因而 J 觉得旅游业用地政策创新的方向是要更系统化。

Q：旅游业用地政策创新的方向是什么？

J：细化比较好。

（山东某文旅局工作人员 J，2019 年 11 月 14 日）

正因为旅游业用地政策很难全面把握，Z 提出一种保姆模式，就是为旅游业用地提供一揽子服务。

我们要准备很多手续，如要做环评、林地项目可行性研究等，要求不同机构出，但没有一个机构有所有资质。我们前期把所有要做的手续全部整理出来，找了一个知名的大机构来协调，它能做七八项，剩下的我们还得招标，看似一项一项，但其实是由它牵头的做，我们公司只对它。

（山西某文旅企业经理 Z，2020 年 6 月 21 日）

（三）增强用地手续便利性

J 希望"申请起来更便捷一些"。L 提出希望减少行政审批手续，减少管制，但他也知道这是最理想的状态，难度较大。

政府正是朝这个方向努力的，缩减审批手续，现在都是报审制，报一下就可以。

（山西某旅游投资运营商 L，2020 年 7 月 3 日）

（四）对旅游业新业态用地、公益性用地等给予支持

除了政策系统化外，J 觉得鼓励新业态的用地也是旅游业用地政策创新的重要方向。L 认为，由于旅游业用地具有公益性质，应给予特殊政策支持。

　　L：山西的景区大多数不挣钱，为啥这样说呢？就拿故宫来说，如果按商业用地买回来，再建，它能挣钱吗？一年的收入，根本不可能实现财务收支平衡。旅游景区其实和建公园、图书馆一样，是公益和半公益的性质，这个产业性质在制定政策时应该考虑一下。我们觉得，最简单的办法是统一按工业用地计算，各地工业地价都是最优惠的。旅游用地具有半公益性质。

　　Q：您这儿不是废旧矿山改造吗？应该是有政策支持的。

　　L：如果做旅游项目，换了土地性质，就按旅游用地批，不是按原来的土地性质。这地方过去没人用，也都没有人想要。

　　Q：是啊，您这儿光平整这些荒废的矿山都用了很长时间。

　　L：政府部门当然清楚，乡村振兴、矿山治理、荒山绿化、旅游扶贫、双创基地这些政策都可以靠，但就是落不下。整山、修路、通水电、"三通一平"都得自己弄，但还是遇到这样那样的问题。《人民日报》都报道这儿两次了，但还是不容易办，可想而知其他项目的难度。电力部门跟我们要3000万元，才通专线。

　　（山西某旅游投资运营商L，2020年7月3日）

（五）参与政策制定

　　公共政策的制定和实施是一个复杂的过程。个别访谈对象不仅提出了政策内容的诉求，还希望能够加入政策制定过程当中。

　　我们建议以后制定政策时，能否让落地企业直接参与政策制定的讨论，有30%到40%的实操企业比例？企业知道哪儿有问题，哪儿执行不了，否则，一看文件大力支持，全力发展，具体执行人就问啥叫大力支持？列出公示，就是土地和规划。

　　（山西某旅游投资运营商L，2020年7月3日）

五、几个相关的问题

　　在访谈过程中，本课题组还获知了其他一些信息，这些信息本身并不是访谈对象对旅游业用地政策的感知和评价，但是和旅游业用地政策密切相关。

（一）用地模式

　　海南某大型国有旅游投资公司管理人员W在访谈中提到，他们在乡村旅游用地模式上进行了创新，采用整体民宿化改造，很好地利用现有政策中各种有利条件，而回避了一些政策制约。

目前整体民宿化改造，要做成海南的乡村振兴样板。你看到的彩虹梯田，下面叫牙胡河，沿着河床，有200亩一般林地，我们做生态型自驾游，林地里配木屋、停车位，还有黎族村落、自驾游营地、服务区配套，沿河有6公里的休闲步道，衔接各个小集散地，第一个民宿村有400多间客房，发展成一个商圈。

2公里后，进入项目2.3万亩的中心组成部分。现在牙胡村有3个自然村，各有50户左右，依山而建。在道路右侧沿河10亩，也是建设用地，将做成餐饮购物中心。3个自然村分别是牙胡村、坎由村、坎通村。我们简单改造村子，各个村子又聚合成一个大区域。与对面山林里的高端养生私密区隔开。

这些村子依山而建，改造起来很容易。海南的政策是这样的，村民的宅基地不能超过175平方米，建筑高度不能超过12米，也就是说，至少能建三层或三层半。如果按黎族的杆栏式建筑，那至少每户都是4层的建筑，这样每一户至少有2层可以拿出来做民宿。因为人口少，所以每户都可以做民宿，而且土地是自己的，村民当然高兴。他家里住下人，和我们的五星级酒店统一管理，人在我们这儿上班，会形成9种收入：上班的、房租的、餐饮的、特产的，等等。

我们借鉴巴厘岛的乡村旅游模式，一个散点，几家农户，为一团，在现有基础上改造，然后团连成片，不破坏乡村整体地貌，不做太多建设用地。这个项目完全不是房地产的开发模式，你瞧路边的水系，都是农田设施改造，是政府资金，这都不要公司出钱，我们没拿一分土地，所以这是区域发展的新模式。我们的理念是做老百姓的经纪人，你的东西是你的，我们要做的是让你的土地升值，生活收入来源变多。

（海南某国有旅游投资公司管理人员W，2020年11月7日）

（二）企业性质

企业性质往往影响企业的行为方式。由于Z所在单位是国有企业，因此工作特别细致，每一步都会努力去获得合法性授权，然后才会再往下走。这样耗费的时间成本和经济成本都很大，私企则很难承担。

仅文物部门的手续，我们办了两年多，如果是私企则难以承受。

（山西某文旅企业经理 Z，2020 年 6 月 21 日）

L 是民营的旅游投资运营商，他会考虑时间成本，例如它有 1000 多亩的开发面积，先开发 40 亩，通过做市场起到示范效应，然后解决后续开发中遇到的难题，这是很巧的借力经验。

在实践中也有很多旅游项目实际上是在没有完全办好手续的情况下建设并运营的。比如海南的一个乡村旅游项目，是当地一个叫得响的龙头项目，经济效益、社会效益都不错，当地政府本来将其列入领导人到海南考察的一个点，但因为用地手续不全而放弃了。当然，后来在当地政府主要领导的推动下，这个手续最终还是补齐了。

（三）旅游地产

在旅游研究中，旅游地产往往被认为是不好的模式，是以旅游之名行地产之实。但 F 给出了不一样的看法，他提出：

开始规划时没考虑房地产，但拆迁的力度大，资金量确实太大了，没办法只能引入地产商。当时的想法就是把整个古城区做一个旅游项目，不开发地产，跟台儿庄的模式差不多。台儿庄建的时候，这个项目已经开始了，他们还来参观学习，当时就没想开发房地产，后来确实资金需求量太大了。现在很多项目都是地产来反哺旅游，即旅游地产。

（山东某文旅企业管理人员 F，2019 年 11 月 15 日）

第六章　当前我国旅游业用地面临形势和政策优化

一、当前我国旅游业用地面临形势

（一）土地政策不断创新，旅游业用地机遇和挑战并存

土地问题是事关社会主义现代化强国建设全局的重要问题。近年来，我国不断出台关于土地方面的政策文件，尤其是农村土地制度改革和国土空间规划方面的改革，给旅游业用地带来了巨大影响。从总体来看，土地改革可以提高土地资源使用效率，推进生态文明建设，这对旅游业用地是有利的。特别是农村集体建设用地上市等举措，对于乡村旅游发展来说是重大机遇。与此同时，旅游业用地也面临土地管理更加严格、如何融入多规合一等挑战，过去那种打政策擦边球等随意开发的做法行不通了。

（二）大众旅游快速发展，旅游业用地需求增加

近年来我国旅游市场规模不断扩大，已经步入大众旅游的新发展阶段。2019 年，国内旅游人数为 60.06 亿人次，比上年同期增长 8.4%；入境旅游人数为 1.45 亿人次，比上年同期增长 2.9%；中国公民出境旅游人数达到 1.55 亿人次，比上年同期增长 3.3%；全年实现旅游总收入 6.63 万亿元，同比增长 11%[①]。2020 年初以来，虽然受新冠疫情影响旅游市场规模一度下降，但是从数据来看，降幅逐季缩窄，复苏迹象明显，有国内市场大循环作为支撑，预计到 2025 年我国居民年均出游次数仍有望达到 6 次，大众旅游市场规模进一步扩大。市

[①] 文化和旅游部. 2019 年旅游市场基本情况[EB/OL]. https://www.mct.gov.cn/whzx/whyw/202003/t20200310_851786.htm.

场规模的扩大以及由此带来的产业规模扩张，显然会导致旅游业用地需求的增加。

大众旅游的深入发展还从其他方面导致旅游业用地需求的增加。随着旅游机会的增多，人们越来越不满足于"上车睡觉、下车拍照"走马观花式的旅游，有了更多的"求新、求奇、求知、求乐"的需求，愿意在一个地方多待一会，静下心来体味当地的文化，参与一些文化和体育活动，由此出现了所谓的"一地深度游""无景点出游""慢生活"等旅游方式，也就是说，虽然观光旅游仍然是基础，但是以休闲度假为目的的旅游越来越多，观光旅游也日渐休闲化。和传统的观光旅游相比，休闲度假显然对旅游场所设施有更高的要求，由此从结构上也会带来旅游业用地需求特别是建设用地的增加。

与此同时，由于我国城市化和工业化进程加速，人口规模一直保持稳定增长，我国土地供应变得更加紧张，特别是建设用地指标非常紧缺。用地指标紧缩和旅游业用地需求增加构成了一对非常突出的矛盾。

（三）文化和旅游融合深入发展，规划外旅游业用地难以避免

我国真正意义上的旅游业从改革开放之后开始，在较早的时候人们就注意到了文化与旅游的密切关系。1986 年，于光远提出"旅游业是带有很强文化性的经济事业，也是带有很强经济性的文化事业"。[1]随后以孙尚清为组长的"旅游经济发展战略"课题组进一步提出"旅游在发展的一定阶段是经济—文化产业，到发展的成熟期是文化—经济产业"。[2]在 1999 年，"旅游是文化的载体，文化是旅游的灵魂"已经被连在一起使用。[3]2009 年，"文化是旅游的灵魂，旅游是文化的重要载体"被写入原文化部、原国家旅游局联合出台的《关于促进文化与旅游结合发展的指导意见》。2018 年 2 月，十九届三中全会通过了《中共中央关于深化党和国家机构改革的决定》和《深化党和国家机构改革方案》，决定组建文化和旅游部，主要目的就是统筹文化事业、文化产业发展和旅游资源开发和推动文化事业、文化产业和旅游业融合发展。文化和旅游融合发展自此进入新的阶段。

文化和旅游融合发展的一个重要体现是创意日益成为旅游业发展的重要动能。虽然从一开始旅游发展就强调特色和创意，但是文化和旅游融合发展将创意在旅游发展中的重要性推向了新的高度。不仅很多文化场馆增添了旅游功

---

① 于光远. 旅游与文化[J]. 瞭望周刊, 1986（14）: 35—36.

② 魏小安. 中国旅游业发展目标与知识化竞争[J]. 社会科学家, 2000（01）: 4—14.

③ 郭宽, 汤国. 开发景洪旅游文化资源 提高旅游文化内涵[J]. 云南科技管理, 1999（05）: 48—49.

能，而且通过创意的眼睛，近年来发现、改造和建设了许多新的旅游场所设施，这种情况给旅游业用地增添了许多新的问题。用地要提前规划，这是我国土地管理的一个基本原则。2019年修订的《中华人民共和国土地管理法》第四条规定："国家实行土地用途管制制度。国家编制土地利用总体规划，规定土地用途……使用土地的单位和个人必须严格按照土地利用总体规划确定的用途使用土地。"但是对于旅游业来说，由于具有很强的创意性，事先很难全面考虑到各种情况。一个普通的地块、一座不起眼的房子，可能因为某个巧妙的构思而建设成为具有吸引力的旅游项目。因而在实践中旅游项目建设常常需要调整规划，这不仅需要耗费很多的时间和精力，而且并不是每次都能够成功。

（四）"旅游+""+旅游"不断推进，旅游业用地复合化现象更加突出

旅游业和传统上以生产同一产品来进行界定的产业不同，它是以需求界定的产业，为人们进行旅游活动提供产品和服务的行业都是旅游业的有机组成部分，因而具有很强的综合性。这种产业特性使得旅游业天然和众多行业、领域相关联。特别是随着旅游业规模的扩大以及创意性的增强，各种"旅游+""+旅游"的项目层出不穷，旅游业不断延伸拓展到其他行业和领域，而很多相关行业和领域也纷纷附加上旅游功能，这就使得同一个地块、同一座房屋可能具备旅游休闲和工农业生产等多种功能，从而给用地分类管理带来了新的问题。虽然《关于支持旅游业发展用地政策的意见》提出了一些创新政策举措，如"属于自然景观用地及农牧渔业种植、养殖用地的，不征收（收回）、不转用，按现用途管理，由景区管理机构和经营主体与土地权利人依法协调种植、养殖、管护与旅游经营关系"，但是还有很多其他情形，比如利用公共文化设施、医疗设施、厂房等开展旅游经营的土地应如何管理，这还没有明确的规定。

（五）乡村地区成为旅游发展主战场，乡村旅游用地问题日益凸显

随着大众旅游的深入发展，乡村旅游成为旅游发展更加重要的领域。在旅游业发展早期，乡村旅游主要是辅助性、配套性的旅游业态，发展乡村旅游比较好的地区多是景区周边和交通节点，其功能是为旅游者到目的地或景区旅游提供补充性的食宿服务或中途停留的配套服务[①]。但是在大众旅游兴起之后，由于人们出游机会增多，不一定每次出游都去景区，很多时候就是找一个环境好的地方待两天，这给乡村旅游发展带来新的机遇。乡村地区亲近自然、生态环境较好，保留了很多传统文化和有趣的生产生活方式，加上空间广阔、资源多

---

① 宋子千. 推动乡村旅游转型升级为乡村振兴作更大贡献[J]. 中国旅游报，2017-12-11（03）.

样、开发潜力大，使得旅游目的地性质的乡村旅游成为可能。同时，乡村旅游是系统解决"三农"问题最直接最有效的手段之一，乡村旅游发展不仅能给农民带来新的就业机会和经济收入，而且能够促进农业发展在市场、组织等多方面的现代化，能够带动农村基础设施和生活环境的改善，从而有利于一揽子解决"三农"问题、促进乡村振兴①，近年来国家出台多个政策支持乡村旅游发展。在这种情况下，不仅很多农村居民投身乡村旅游经营，也吸引了大量外来资本进入，乡村旅游逐渐成为旅游发展的核心领域。

随着乡村旅游的转型发展，乡村旅游用地在规模、性质、方式等方面都发生了很大变化，从而使得乡村旅游用地问题日益凸显。一是对占地面积的需求增加。当乡村旅游发展处于传统形态的时候，农民只是利用自有住宅、庭院发展小规模的接待活动，对于占地面积的诉求不是很多。虽然有部分农民对原有住宅进行改扩建，但是一般不涉及大规模的建设，用地问题并不突出。后来随着乡村旅游的发展，农家乐的经营出现分化，一部分效益较好的农家乐开始寻求规模化经营，占地面积显著扩大。加上现代休闲度假在乡村的发展，进一步增加了乡村旅游用地的诉求，很多度假村、主题酒店等项目占地面积都非常大，数十亩甚至上百亩的占地很常见。二是对建设用地指标的需求增加。乡村旅游转型发展在增加对占地面积诉求的同时，对于建设用地指标相应地也有了更多的需求。传统农家乐方式的乡村旅游，往往只提供给旅游者最基本的食宿接待，游览娱乐则主要依赖农村既有的自然人文景观或周边景区，对于建设用地诉求不大。当前乡村旅游的发展不再局限于小规模、以乡土文化为主要资源的旅游活动，而是向大规模的主题休闲度假、独立的旅游区方向发展，旅游者对于各方面的要求更高，因此很难利用原有的建筑和有关设施，酒店、游乐设施以及交通、卫生等基础设施都需要新建。三是对土地产权明晰化提出更高要求。从对占地面积和建设用地的需求，进一步派生出对土地产权明晰化的要求。如农家乐规模的扩大，需要租赁或购买其他农民的房产，这就涉及宅基地的流转问题。现代休闲度假的发展还大量涉及集体建设用地的流转、国家对农村土地的征用、农用地的使用、未利用地的使用等问题，这些都需要对各类农村土地的产权进行明晰。四是土地利用方式的多样化。乡村旅游转型发展同时也带来乡村旅游用地方式的多样化。传统的乡村旅游用地主要涉及宅基地和农用地，现在的乡村旅游用地则要复杂得多。除了宅基地和农用地之外，还涉及其他集体建设用地、国家征用农村土地、农业设施用地、未利用地以及临时用地等。如乡村旅游中的秋千、小木屋等项目，实际占用土地很少，而且不改变土地属性、

---

① 宋子千. 推动乡村旅游转型升级为乡村振兴作更大贡献[J]. 中国旅游报，2017－12－11（03）.

不破坏耕作层，在很多地方就作为临时用地处理。另外，乡村旅游发展中还涉及大量的复合型用地，除了农业和旅游的复合型用地之外，还有文化和旅游等复合型用地。特别敏感的是旅游和房地产业的结合，目前各地已经出现不少以旅游之名开发商品房的事例。

近年来我国持续推动农村土地制度改革，在宅基地转让、集体建设用地上市等方面出台了很多新的举措，给乡村旅游用地提供了有利条件。但由于乡村旅游转型发展对用地提出诸多新的诉求，加上相关改革措施还处于探索阶段，乡村旅游用地依然面临很多矛盾和困难。

二、我国旅游业用地政策优化的原则和方向

（一）节约用地和保护耕地

现行《土地管理法》第三条规定："十分珍惜、合理利用土地和切实保护耕地是我国的基本国策。"这事实上是由我国的基本国情决定的。我国国土面积虽然位居世界前列，但是由于人口众多，土地资源特别是耕地资源是非常短缺的。在 2021 年 4 月 21 日的国务院常务会议上，李克强总理强调："我国人多地少，人均耕地面积不足世界平均水平的一半。""要强化对耕地特别是永久基本农田的管理保护，严守耕地保护红线，筑牢国家粮食安全的基石。"[①]我们在讨论旅游业用地政策创新时不能脱离上述基本国情和基本国策，要将节约用地和保护耕地作为旅游业用地政策创新的基本前提，进一步提高旅游业用地效率，鼓励利用"四荒地"、废弃工矿和厂房等开展旅游，尽量少占用耕地、林地等进行设施建设。

（二）坚守生态底线

生态文明建设是中国特色社会主义事业"五位一体"总体布局的重要内容，促进生态文明建设和经济建设、政治建设、文化建设、社会建设有机统一是习近平新时代中国特色社会主义思想的重要理论创新。关于旅游发展和生态文明建设的关系，习近平总书记做过系列重要阐述。2005 年 8 月，时任浙江省委书记的习近平同志在安吉余村考察时提出了"绿水青山就是金山银山"的科学论

---

① 中国政府网. 国常会通过这一草案 李克强强调严守耕地保护红线[EB/OL]. http://www.gov.cn/premier/2021－04/23/content_5601358.htm.

断，简明而深刻地揭示了资源环境保护和旅游开发利用的辩证统一关系。2013年4月习近平总书记在海南视察时提出："青山绿水、碧海蓝天是建设国际旅游岛的最大本钱，必须倍加珍爱、精心呵护。"2015年3月在参加全国两会广西代表团审议时，叮嘱广西的同志"一定要保护好桂林山水，保护好广西良好的生态环境"。2015年5月在浙江舟山视察时强调，绿水青山就是金山银山，坚持生态环境保护的发展才是科学发展、可持续发展。2020年3月，在浙江考察时的讲话中指出，"湿地贵在原生态，原生态是旅游的资本，发展旅游不能牺牲生态环境，不能搞过度商业化开发，不能搞一些影响生态环境的建筑，更不能搞私人会所，让公园成为人民群众共享的绿色空间"。旅游业总体上是环境友好型产业，以前常被誉为"无烟工业"。但是正如习近平同志曾经指出的，"旅游经济被称为'无烟工业'，与环境保护冲突小，但并不意味没有矛盾……发展旅游经济要坚持开发与保护并重，开发是发展的客观要求，保护是开发的重要前提。只有科学合理地开发，才能促进旅游经济的快速发展。只有积极有效地保护，才能保证旅游经济的健康发展"。①随着休闲度假的兴起和人们对生态环境质量的关注，旅游发展对生态环境的依赖越来越大，我们尤其要注意旅游发展和生态环境的协调。反映在旅游业用地政策创新上，就是对旅游业用地的生态环境影响要谨慎评估，对损害生态环境的用地行为要严格禁止。现在有些项目为了迎合人们对优良生态环境的需求，选址在生态敏感脆弱的地区，这是应该特别引起关注的，不能因为要满足少数人、短期的生态需求，而损害多数人、长期的生态利益。

（三）维护文物安全

文物资源是旅游发展的重要资源。文物和旅游的关系类似于生态和旅游的关系。一般说来，科学的旅游发展对文物的负面影响较小，有利于满足人们对文物的需求，提高人们的文物保护意识，同时还可以为文物保护提供资金支持。但是不恰当的旅游发展，同样可能对文物带来损害，包括乱写乱画等不文明行为，以及一些无意的损害如人流量过大导致的践踏、空气污染等。2017年8月，国务院办公厅出台《关于进一步加强文物安全工作的实施意见》，其中旅游部门被列入负有文物安全职责的部门。2020年5月，习近平总书记在山西考察时指出："历史文化遗产是不可再生、不可替代的宝贵资源，要始终把保护放在第一位。发展旅游要以保护为前提，不能过度商业化，让旅游成为人们感悟中华文化、增强文化自信的过程。"这段重要论述为处理文物保护和旅游发展之间的关

---

① 习近平. 发展"无烟工业"也要可持续发展[N]. 浙江日报，2004—10—09.

系提供了根本指导，也是旅游业相关用地政策创新的一条重要原则。

（四）保护当地居民利益

保护当地居民利益是可持续旅游的基本理念。大量经验表明，在旅游业起步阶段，当地居民往往对旅游业发展持欢迎态度。但随着旅游业规模的扩大，当地居民的态度可能会产生变化，变得有些抵触甚至出现抵制行为。这中间有旅游业规模扩张导致影响居民原有生活质量的问题，也有利益分配不公的问题，其中很大比例就是与土地利益相关的问题。近年来，随着大量旅游项目布局乡村旅游，各地出现了很多当地居民和旅游企业产生冲突的例子。虽然具体情形不同，应对措施也不同，但从根本上说，在考虑旅游业用地政策创新时，必须将保护当地居民利益作为一个重要的前提。

（五）有利于经济社会高质量发展

2021年3月，习近平总书记在参加青海代表团审议时强调，高质量发展是"十四五"乃至更长时期我国经济社会发展的主题，关系我国社会主义现代化建设全局。不管是土地政策还是旅游业发展政策，都不能背离这一主题。归根结底，土地政策和旅游业发展政策的创新都要有利于经济社会高质量发展。延伸开来，旅游业用地政策创新不能只考虑旅游业发展的需要，更要考虑是否符合国家大政方针，是否符合国家战略的需要，要有意识地通过旅游业用地政策的引导，将旅游发展和乡村振兴、美丽中国建设、健康中国建设、科技强国建设等国家战略有机统一起来。

（六）促进旅游业健康持续发展

旅游业用地政策创新的主要目的当然不是限制旅游业的发展，而是支持旅游业的发展。党的十九大报告提出，中国特色社会主义进入新时代，我国社会主要矛盾已经转化为人民日益增长的美好生活需要和不平衡不充分的发展之间的矛盾。2013年3月，习近平作为国家主席在俄罗斯中国旅游年开幕式上的致辞中，明确指出："旅游……是人民生活水平提高的一个重要指标。"2017年9月，他在致联合国世界旅游组织第22届全体大会的贺词中又提到，"旅游是提高人民生活水平的重要产业"。因此，大力发展旅游业是满足人民美好生活需要的重要产业，符合经济社会高质量发展的总体需要，从土地政策上给予支持是合理的也是必要的。但是这种支持不代表对旅游业发展无原则的支持，虽然从总体上说要将旅游业发展充分纳入国土空间规划、在建设用地指标等方面给予优先考虑，但究竟支持什么样的项目还要具体情况具体分析。最应该支持的是那些能够满足前述原则的旅游项目，是符合市场需求和顺应旅游业发展趋势的项目。对于不符合旅游业发展规律、不符合经济社会高质量发展方向的项目还是应该从用地上严格管控。

（七）充分考虑旅游业特殊性

和其他行业相比，旅游业有自己的一些行业特性。第一，旅游业是综合性产业。旅游业实际上是由一系列相关行业构成的，联结这些行业的就是人们的旅游需求。旅游业的综合性使得旅游业用地形态千差万别，显然不是单一的用地政策所能解决的。第二，旅游业具有天然的融合性。旅游业是开放的，只要是为人们的旅游需求提供产品和服务，它就成为旅游业的组成部分。这样，很多行业就同时具有本行业和旅游业的双重属性。随着旅游业的发展，旅游业的开放融合属性进一步加强。这种性质使得旅游业用地具有明显的复合性特点。《关于支持旅游业发展用地政策的意见》注意到这个问题并就部分情形做出规定，但是还有很多其他情形需要考虑。第三，旅游业的创意性。旅游业的发展既有科学的一面，也有艺术的一面。很多成功的旅游项目是天马行空，想人之所未想，这使得对旅游项目及其用地提前多年进行规划往往是非常困难的。第四，旅游业的公益性。自改革开放以来，旅游业的经济属性越来越受到重视，目前已经培育成为国民经济的战略性支柱产业。与此同时，旅游业的社会文化属性也愈加凸显出来。2020 年 5 月，习近平总书记在山西考察时的讲话指出，"让旅游成为人们感悟中华文化、增强文化自信的过程"。2020 年 9 月，在教育文化卫生体育领域专家代表座谈会上的讲话指出，"文化产业和旅游产业密不可分，要坚持以文塑旅、以旅彰文，推动文化和旅游融合发展，让人们在领略自然之美中感悟文化之美、陶冶心灵之美"。特别是随着大众旅游的深入发展，旅游已经成为普通老百姓的生活方式，如何看待旅游业的公益性问题将成为影响旅游业用地政策创新的重要因素。目前在土地管理和空间规划等法律法规中，对于旅游业用地还缺少明确的界定，对于旅游业用地的特殊性也缺少足够的考虑。正因为如此，在未来旅游业用地政策创新中，充分考虑旅游业用地特殊性有必要成为一条重要的原则（从逻辑上说，如果不考虑旅游业用地的特殊性，只不过是一般的土地政策创新，而不是旅游业用地政策的创新）。

（八）增强政策的系统性和可操作性

综合前面的调研和分析，我国旅游业用地政策的一个重要不足是缺少系统性和可操作性。《关于支持旅游业发展用地政策的意见》做出了一些努力，但是该文件已经到期，同时还有进一步提升的空间。缺少系统性，一个突出的表现就是对于旅游业用地没有明确的界定以及在此基础之上的分类体系及相应的政策措施。前面提到，在很多非旅游主题的政策文件中也会涉及旅游业用地问题，这不仅体现了旅游业的重要性，而且也说明目前对于旅游业用地还缺少整合性的制度设计。显而易见，如果有关问题已经在旅游业用地政策中得到解决，则没有必要在相关文件中再重复一遍。缺少可操作性也是调研中大家反映较多的问题。旅游业用地政策之所以存在执行难、执行尺度不一等问题，很大程度上是由于政策较为原则、笼统，缺乏相应的实施细则或配套政策。要解决上述问题，一方面可以在一开始就把可操作性考虑在内，另一方面可以在原则性文件出台之后再出台操作性措施。后者可以通过不同层级的政策安排来解决，这也是系统性的内涵之一。

三、关于我国旅游业用地概念界定及分类的思考

（一）研究者对于旅游业用地概念和分类的探讨

由于法律上没有明确阐释，地类上也没有对应标准，研究者对旅游业用地相关概念和分类做了诸多探讨。要注意的是，多数文献采用的是"旅游用地"一词。

1. 对旅游业用地概念的探讨

从定义界定的思路来看，大体上可以分为两类。

第一类是狭义上的定义，将旅游业用地等同于风景旅游用地尤其是风景名胜区用地。这类定义往往结合风景名胜区规划等实践，参考《土地管理法》中"旅游用地"提法和土地分类体系中对景观用地的定义，将"旅游用地"限定在风景名胜区等建设用地范畴。比如，郭焕成（1981）在针对十三陵地区的研究中提出，旅游用地是指陵园和名胜古迹及为其服务的建筑用地[①]；郭焕成（1987）提到，中国科学院地理研究所拟定的土地利用分类系统将旅游用地作为特殊用地的一种类型，和军事用地、外事用地、自然保护区并列，含义指风景游览区、名胜古迹[②]；朱德举（1996）将旅游用地界定为风景旅游区土地，认为旅游用地是风景旅游区内人们从事旅游活动的场所，是自然作用与人类活动之间进行物

---

① 郭焕成. 土地利用分类系统与土地利用图的编制方法——以北京市昌平区十三陵地区为例[J]. 经济地理，1981（01）：43-47，84.

② 郭焕成. 我国土地利用类型及其合理开发利用问题[J]. 自然资源，1987（03）：7-13.

质循环、能量循环、信息传递的复杂系统，是最基本、最广泛的具有旅游功能的各种因素的组合①；王万茂（2003）认为，一般人们所提到的旅游用地是指县级以上人民政府批准公布确定的各级风景名胜区的全部土地②。随后更多的研究者跳出了风景名胜区和建设用地的范围，将旅游业用地指向一般的景观休闲用地。如梁栋栋、陆林（2005）认为，旅游用地是旨在保护具有美感的自然景观和满足人们精神文化的需要，供观赏、游览、文化娱乐、教育和科研使用的特殊土地③；章牧、李月兰（2006）提出，旅游用地是由原生的自然景观与人文景观共同组合的可供观赏、游览、娱乐、教育和科考使用的特殊土地④；张娟（2008）认为，旅游用地是指在地球表层的特定区域，由气候、地貌、岩石、土壤、植被、水文地质、动物、人类活动的种种结果组成的土地生态系统中，凡是具有游憩功能的、可以被旅游业所利用的自然、经济、历史综合体⑤；胡千慧、陆林（2009）指出，具有游憩功能，可以被旅游业利用的各类土地资源都应视为旅游用地⑥。

第二类是广义上的定义，从旅游活动全环节或旅游业发展的角度来界定旅游用地。比如，毕宝德（2016）认为，旅游用地就是旅游业用地，即在旅游地内为旅游者提供游览、观赏、知识、乐趣、度假、疗养、娱乐、休息、探险、猎奇、考察研究等活动的土地⑦。这一定义显然比景观休闲用地要广泛，包括度假、疗养、休息、娱乐等用地。吴郭泉等（2008）沿用了上述定义⑧。后来的研究者进一步明确把旅游接待服务设施用地纳入其中。比如，周菲菲（2010）提出，旅游用地包括旅游客体用地、旅游媒介要素用地以及旅游辅助要素用地⑨；徐勤政等（2010）提出，旅游用地是指旅游要素在空间范围的分布和连接，是指旅游单位（与旅游业相关的独立主体，包括旅游吸引物、旅游接待设施等）在城市中的数量和分布⑩；王金叶等（2015）提出，旅游用地是国土资源的重要组成部分，主要指各种直接用于旅游活动的土地和间接服务于旅游发展的

① 朱德举. 土地评价[M]. 北京：中国大地出版社，1996.

② 王万茂. 土地资源管理学[M]. 北京：高等教育出版社，2003.

③ 梁栋栋，陆林. 旅游用地的初步研究：资源开发与市场[J]. 2005, 21（05）：462−464.

④ 章牧，李月兰. 土地利用总体规划修编中的旅游用地问题研究[J]. 社会科学家，2006（04）：124−127.

⑤ 张娟. 旅游用地分类的探讨[J]. 资源与产业，2008, 10（01）：63−68.

⑥ 胡千慧，陆林. 旅游用地研究进展及启示[J]. 经济地理，2009, 29（02）：313−319.

⑦ 毕宝德. 土地经济学：第七版[M]. 北京：中国人民大学出版社，2016.

⑧ 吴郭泉，王文娜，刘加凤. 基于生态理念的旅游用地分类研究[J]. 福建林业科技，2008（03）：226−231.

⑨ 周菲菲. 我国旅游用地分类与开发模式研究——以山东省广饶县为例[D]. 青岛：中国海洋大学，2010.

⑩ 徐勤政，刘鲁，彭珂. 城乡规划视角的旅游用地分类体系研究[J]. 旅游学刊，2010, 25（07）：54−61.

土地。①

2. 对旅游业用地分类的探讨

旅游业用地的分类和概念内涵具有很强的关联性，对旅游业用地的界定决定了旅游业用地分类的依据和范围，因而较多文献在对概念内涵进行分析的基础上，进一步讨论了旅游业用地的分类问题，仅有少数文献直接讨论了旅游业用地分类问题。对旅游业用地分类的探讨总体上也可分为两类观点。

一类观点是在建设用地范畴内对旅游业用地进行分类。早期关注的主要是风景区的用地分类，如吴承照和过宝兴（1991）将名山风景区旅游用地划分为游赏用地（包括游赏地和游赏路线用地）、硬部门用地（接待服务设施用地、旅馆业、旅游交通运输等产业用地以及休憩娱乐用地）和软部门用地（风景名胜管理机构用地和常住人口生活用地）②。后来的一些研究考虑到城市乃至乡村地区的旅游业建设用地分类问题，如徐勤政等（2010）以北京市新城规划旅游用地为例，设计了三种旅游用地分类方案，其中的一种方案是以《城市用地分类与规划建设用地标准 GBJ137－90》为参照，将旅游用地分为旅馆业用地、公益性游乐用地、经营性游乐用地、经营性康体休闲用地、休疗养用地、游乐公园用地、民俗旅游用地等 7 类③。席建超（2013）明确指出，"旅游用地"属于建设用地的一种，主要是指用来旅游开发和建设的建筑物、构筑物的用地，是与"城乡住宅和公共设施用地、工矿用地、交通水利设施用地、军事设施用地"等同的用地类型，是一种功能性用地。他将旅游用地分为三种类型，一是"旅游产业发展用地"，指服务于"热点"旅游城市（乡村、景区）产业转型升级的用地类型；二是"旅游项目开发用地"，指服务满足旅游"温""冷"区或者一般城市休闲度假需求的用地类型；三是"公益性旅游项目用地"，指与旅游活动相关的各种公益性质的博物馆、展览馆等用地类型④。

另一类观点从旅游活动开展或旅游业发展的整体角度对旅游业用地进行分类。这类观点出现要晚一些，从一开始就突破了风景区和建设用地的局限，广泛涉及了农用地、建设用地和未利用地等不同类型。比如：张娟（2008）将旅游用地分为 5 个层次，一级类"旅游用地"下设"娱乐景观用地"和"旅游接待及生产用地"2 个二级类，再依次往下细分三级⑤。吴冠岑等（2013）将乡

① 王金叶，韦绍兰，吴郭泉，等. 基于桂林旅游产业用地改革背景下的旅游用地分类[J]. 桂林理工大学学报，2015，35（01）：91－98.

② 吴承照，过宝兴. 名山风景区旅游开发用地研究[J]. 地理学与国土研究，1991，7（04）：48－53.

③ 徐勤政，刘鲁，彭珂. 城乡规划视角的旅游用地分类体系研究[J]. 旅游学刊，2010，25（07）：54－61.

④ 席建超. 旅游用地：亟待厘清的几个基本理论问题[N]. 中国旅游报，2013－11－08（11）.

⑤ 张娟. 旅游用地分类的探讨[J]. 资源与产业，2008，10（01）：63－68.

村旅游用地分为乡村游赏用地、旅游服务用地和公用设施用地三大类[①]。刘杰等（2013）采用 3 级分类，将生态旅游用地按景观与服务功能差异分为生态旅游自然景观用地、生态旅游人文景观用地和生态旅游服务设施用地 3 个一级类，其中生态旅游自然景观用地和生态旅游人文景观用地是景观用地，生态旅游服务设施用地是支撑生态旅游发展的服务用地[②]。陈文娣（2014）提出以旅游用地作为一级类，将生态保护用地、旅游游赏用地、旅游基础设施和公共服务设施用地、旅游商业开发用地、其他旅游用地 5 类用地作为二级类，下设 16 个三级类[③]。王金叶等（2015）以《土地利用现状分类》为基本依据，构建了包括旅游设施用地、旅游地产用地和旅游景观用地 3 个二级地类、9 个三级地类和 20 个四级地类的旅游用地分类体系[④]。苏子龙等（2017）提出一个四级分类体系：一级地类分为建设用地和非建设用地，并分别对应旅游设施用地和旅游生态用地 2 个二级地类，其中，旅游设施用地下设游憩设施用地、基础设施用地、服务设施用地和管理设施用地 4 个三级地类和分属的 14 个四级地类，涵盖了为游憩活动提供直接和间接支持的所有设施用地；旅游生态用地主要以自然资源为旅游吸引物，在开发过程中不改变原有用途和功能，下设耕地、园地、林地、草地、水域和其他土地 6 个三级地类[⑤]。余中元等（2019）基于社会生态系统理念，从全域旅游视角，依据旅游用地社会生态系统的要素组成、结构和功能对旅游用地进行了分类，在旅游用地一级类下，设资源系统用地、用户系统用地、基底系统用地、相互联系用地等 4 个二级用地类和自然景观用地、人文景观用地等 20 个三级地类，自然保护区管理用地等 53 个四级地类[⑥]。

（二）关于旅游业用地概念界定及分类的几点讨论

1. 旅游业的成长与对旅游业用地认识的深化拓展

我国旅游业发展起步晚，真正意义上的旅游业发展是在改革开放之后。一开始主要着重于入境旅游，国内旅游连统计都没有，整个旅游业市场规模和产业规模都非常有限。1993 年 11 月，国务院办公厅转发国家旅游局的文件《关于

[①] 吴冠岑，牛星，许恒周. 乡村旅游开发中土地流转风险的产生机理与管理工具[J]. 农业经济问题，2013（04）：63—68.

[②] 刘杰，严金明，邱卉. 生态旅游用地分类体系研究[J]. 中国土地科学，2013，27（09）：71—77.

[③] 陈文娣. 旅游用地分类体系构建及空间结构特征研究[D]. 南京：南京师范大学，2014.

[④] 王金叶，韦绍兰，吴郭泉，等. 基于桂林旅游产业用地改革背景下的旅游用地分类[J]. 桂林理工大学学报，2015，35（01）：91—98.

[⑤] 苏子龙，袁国华，郑娟尔. 我国旅游产业用地分类研究[J]. 中国土地，2017（04）：31—34.

[⑥] 余中元，李波，张新时. 全域旅游发展背景下旅游用地概念及分类——社会生态系统视角[J]. 生态学报，2019，39（07）：2331—2342.

积极发展国内旅游业的意见》，首次明确将发展国内旅游纳入国家政策，我国旅游业规模迅速扩大。1994 年我国首次公布国内旅游总花费，为 1023.51 亿元，不到当年国际旅游外汇收入 73.23 亿美元的 2 倍。随着城乡居民收入快速增长和双休日制度的实施等，国内旅游保持高于入境旅游的速度增长。1998 年，我国国际旅游外汇收入 126.02 亿美元，国内旅游总花费 2391.18 亿元，国内旅游总花费相当于国际旅游外汇收入的 3 倍。该年我国国内生产总值 85195.5 亿元，旅游总收入大致相当于国内生产总值的 4%。在当年的中央经济工作会议上，旅游业与房地产业、信息产业等一起被列为"国民经济新的增长点"。进入 21 世纪后，我国旅游业持续快速发展，不仅规模继续扩大，而且范围大大拓展，新业态新商业模式层出不穷，和国民经济社会发展的关联越来越紧密。2009 年 12 月，国务院出台《关于加快发展旅游业的意见》，把旅游业培育成国民经济的战略性支柱产业和人民群众更加满意的现代服务业，提出了建设世界旅游强国的目标。

在上述背景下，无论是法律法规和政策文件中关于旅游业用地的提法，还是研究者对旅游业用地的相关探讨，都可以看出有一个对旅游业用地不断深化拓展认识的过程。

改革开放初期，我国法律法规和政策文件对旅游业用地是"点到为止"。1984 年《土地利用现状调查技术规程》只是将名胜古迹和风景旅游并列作为特殊用地的具体内容。1989 年《城镇地籍调查规程》提出了"旅游业"二级类，但是界定的旅游业偏于旅游接待行业。其中还特别强调了"友谊商店"，显然和当时着重发展入境旅游有关。当旅游业日渐成为国民经济的重要产业之后，旅游业用地问题明显得到更多的重视。2001 年《全国土地分类（试行）》是后来土地分类标准的基础，该分类体系涵盖了餐饮、住宿、旅行社、景观休闲等多个和旅游业相关的用地类型，并且提到了"高尔夫球场"，这正是在当时旅游开发中遍地开花并造成很大社会影响的一类旅游项目。2015 年中央层面出台了以旅游业用地为主题的文件即《关于支持旅游业发展用地政策的意见》，这一文件覆盖了大多数旅游业用地类型，并且提到了影视城、仿古城、旅游厕所、邮轮游艇码头、自驾车房车营地等当时旅游业发展中广受关注的新业态、新领域。2017 年自然资源部组织对《土地利用现状分类》标准进行了修订，也考虑了影视城、仿古城以及大型游乐设施用地等新的旅游业用地形态。

在理论研究方面的情况与此类似。从文献数量来看，在改革开放之初每年仅有零散几篇提及"旅游用地"或"旅游业用地"的文献，但从 20 世纪 90 年代末开始数量显著增加，到了近 10 年，每年提及"旅游用地"或"旅游业用地"的文献数量达到 500 篇上下，并且以旅游业用地为主题的文献也越来越多。从内容来看，涉及旅游业用地的概念、分类、规划、空间演变、政策制约和创新等方方面面，特别是对旅游业用地概念内涵的认识，不断有新的突破，逐渐从对景区用地、建设用地的关注，发展到对各种旅游业用地形态、覆盖三大地类的研究。

2. 风景旅游用地、旅游接待设施用地和旅游业用地

从前面的叙述中可以看出，早期人们对旅游业用地的关注主要在于风景旅游用地和旅游接待设施用地。在有关政策文件中，甚至只侧重其中的一个方面。理论研究也是如此，对旅游业概念内涵的探讨存在两种倾向，一种侧重于景观休闲用地，另一种侧重于旅游接待设施用地。当然，政策法规实践和理论研究之间本来就存在很强的交互影响。

为什么会出现上述情况？和旅游理论与实践的发展史有关。从理论研究的学科介入来看，介入旅游领域最多的是地理学、经济学和管理学。由于不同学科学者的专业背景不同，他们对旅游业用地的关注点和思维方式也会有差异。我国早期很多研究旅游的学者都是从地理学科转入，对风景旅游关注更多。到了 20 世纪 90 年代后，从经济和管理学科转入的旅游研究者逐渐增多，对旅游接待行业的研究也就多了起来。从理论研究进展来看，最成熟的两个旅游研究领域就是户外游憩研究和旅游接待业研究，美国等国家甚至很少设立类似于我国旅游管理专业这种笼统的旅游专业，户外游憩和旅游接待业往往分别设立专业。从实践发展来看，早期的旅游活动以观光旅游为主，因而景观构成了旅游活动的核心，景观用地自然容易得到关注。虽然接待设施是改革开放前期旅游业的短板，但是由于此时我国旅游市场是卖方市场，因而旅游接待行业长期没有作为规划的重点。当时很多旅游规划都是资源导向型的，旅游业发展的主要任务是把景区开发出来。随着旅游市场规模的扩大，旅游接待行业在满足旅游者需要的同时也给地方带来了可观的效益，加上旅游市场逐渐转变为竞争性市场，旅游接待行业的重要性逐渐显现出来，在用地中也就必须加以考虑。之后，旅游活动从以观光旅游为主转向观光、休闲、度假并重，各种非传统旅游资源不断得到开发，各种非传统旅游场所不断得到利用，各种旅游新业态新商业模式不断产生，人们逐渐认识到旅游业用地不只是景观休闲用地和旅游接待设施用地，旅游业用地的综合性、复合性也就提出来了。此外，在旅游业发展过程中有两个方面的实践明显起着引领作用，一个是前面提到的规划实践，另一个是行业管理实践。前一方面的实践一开始由地理学者主导，后来又加入了很多城市规划学者，他们多对风景旅游用地更为关注。后一方面的实践在开始的时候主要局限于旅行社、导游、饭店等旅游接待行业的管理（我国国家旅游局的前身是中国旅行游览事业管理局，早期是和中国国际旅行社署办公的，直到

1982 年国家旅游局才正式挂牌成立），这种情况也反映在国民经济统计分类等相关管理体系当中（在国民经济统计行业分类中，"旅游业"条目主要指旅行社业），自然也影响到了人们对旅游业用地的认识。

顺便要提及的是，上面的分析实际上已经指出，旅游业用地并不都是建设用地。粗略地说，旅游业用地不等同于风景旅游用地，即使风景旅游用地也不都是建设用地；旅游接待设施用地多属于建设用地，但是旅游者观赏或体验的对象可能是一片森林、一个湖泊、一块农田、一处滩涂，因而景观休闲用地很可能属于农用地和未利用地。鉴于旅游业用地涉及多种形态、多种性质的用地，不能笼统地说旅游业用地属于建设用地。

3. 是旅游用地还是旅游业用地

对旅游业用地的研究可以追溯至 20 世纪 80 年代初期，当时在对土地分类等的研究中就涉及了旅游业用地问题。由于当时我国旅游业实质上还没有真正成为一个产业，因此研究者多从旅游活动或旅游事业开展的角度考虑，提出的是旅游用地概念而非旅游业用地概念。前面提到，中国科学院地理研究所在拟定土地利用分类系统时采用的也是旅游用地一词。这种情况对后来旅游业用地理论研究和实践发展产生了长远影响，即使今天，"旅游用地"的使用频率还是远远高于"旅游业用地"。笔者于 2020 年 3 月 12 日在中国知网的查询结果显示，全文中含有"旅游用地"一词的文献有 517 篇，而含有"旅游业用地"一词的文献仅有 34 篇，其中还包括同时并含二者的 22 篇。尽管如此，笔者认为，在多数情况下，使用"旅游业用地"一词可能比"旅游用地"一词更合适。

首先，可以和《土地管理法》中提到的"旅游用地"相区别。作为土地管理的基本法，《土地管理法》的权威性毋庸置疑。这部法律明确提出"旅游用地"用语并将旅游用地作为建设用地的一类，但是很多研究者或文献中提到的旅游用地就是泛泛而言的旅游活动或旅游业发展用地，并不是建设用地所能涵盖的，这实际上和《土地管理法》的用法存在冲突。在实践中，由于《土地管理法》没有对旅游用地做出明确界定，出于可操作性的考虑，土地利用现状分类国家标准等文件避开了"旅游用地"提法，而采用更加具体的住宿餐饮用地、景观休闲用地等提法。因此，为了方便讨论旅游业用地的概念内涵和分类，笔者建议采用"旅游业用地"一词作为研究对象的统称（当然，更根本的解决办法还是应该对《土地管理法》进行修订，比如说将旅游用地修订为旅游设施用地，这相对更为准确且易于理解。）

其次，"旅游用地"中的"旅游"一词含义较为模糊，采用旅游业用地概念可以部分避免由于旅游概念模糊而带来的一些混淆。旅游概念是旅游研究最基础的概念，同时也是一个难题。在不同文献中人们提到"旅游"，所指对象存在很大不同，有的是指作为旅游研究对象的旅游现象，有的是指旅游业，有的是指旅游活动。即使同指作为人类行为的旅游活动，有的地方所说的旅游范围要宽一些，比如作为各国旅游统计基础的世界旅游组织给的统计定义，旅游包括出于休闲、事务和其他目的到惯常环境之外的旅行和逗留；而有的地方所说的旅游范围要窄得多，仅指休闲性的、愉悦性的旅游，如《现代汉语词典》对旅游的解释是"旅行游览"。由于"旅游"概念的模糊，"旅游用地"的含义自然也就难以界定清楚。更麻烦的是，用地是落在一定具体空间上的，而旅游（活动）的本质在于移动性和异地性，一次完整的旅游活动是旅游者从常住地到异地再返回的全过程，两者之间具有内在的冲突。实际上，实践中一般不会考虑一次完整的旅游活动用地，而只会考虑在特定空间进行特定旅游活动的用地问题，从供给角度来说，也就是一个地方旅游业发展的用地问题。因此，虽然旅游业用地概念也有这样或那样的问题，但是由于在行业管理等实践中已经对旅游业形成了一些规范性认识，在此基础上延伸的旅游业用地概念相对也更为明确。《关于支持旅游业发展用地政策的意见》采用的正是旅游业发展用地和旅游业用地等提法，而没有采用旅游用地的提法。

从旅游业发展和旅游活动开展两个角度来讨论旅游业用地问题其实是相通的。因为从旅游业的概念本质来说，它就是为人们进行旅游活动提供产品或服务的组织的总和。有些研究者也明确提出旅游用地即旅游业用地，如毕宝德（2016）[①]。本书选择使用旅游业用地提法，在这一概念下可以方便地讨论旅游业发展的相关用地问题，其含义和部分研究者或文献中提到的"旅游用地"类似。

还要说明的是，有部分文献采用的是旅游产业用地概念，如自然资源部对桂林旅游业用地改革方案的批复文件名称是《关于桂林旅游产业用地改革试点总体方案的批复》，这种提法也不是很准确。所谓产业，一般是指构成国民经济的行业或部门，在产业经济学中，尤指提供相同或类似产品的企业的总和，这些产品之间具有很强的替代性。可见产业的概念具有明显的经济性质，这一点和事业不同，事业强调的是公益性，在生产生活实践中，二者并不是截然分开的。比如对于文化领域，在政府文件中经常并提文化事业和文化产业。对于旅游业来说，同样存在产业和事业的区分，实际上由于旅游业中事业的成分所占比重非常大，用旅游产业来指代旅游业是不全面的。旅游业的范畴要比旅游产业大得多，旅游业的发展在很大程度上依赖于政府和社会提供的公共产品和服务，包括交通、通信、卫生、环保、社会治理等许多方面。特别是相关文件关

---

① 毕宝德. 土地经济学：第七版[M]. 北京：中国人民大学出版社，2016.

注的景观休闲用地，如风景名胜区、文物保护单位、森林公园等，其实大多数都属于事业的范畴。从以上分析来看，旅游产业用地是个较小的概念，大多数的时候采用旅游业用地概念更为准确（当然，在不那么严谨的情况下，二者也可以混用）。

（三）对旅游业用地概念界定及分类的认识

1. 旅游业用地的概念内涵

简言之，旅游业用地是指旅游业发展涉及的用地。它并不是一个单一的用地类型，而是支撑旅游业发展的各种用地的统称。旅游业用地具有几个明显的特征。

一是综合性。综合性首先体现在旅游业用地涉及多种形态的用地，有的研究者也称之为多样性。笼统地说，旅游业用地包括景观休闲用地、旅游接待设施用地、旅游基础设施用地等不同类型，进一步说景观休闲用地又包括风景名胜用地、农业景观用地、游乐场所用地等不同类型，旅游接待设施用地又包括住宿设施用地、餐饮设施用地、购物场所用地等不同类型。关于怎么分类的问题接下来还要讨论，这里不再赘述。其次还体现在多种形态的用地聚集在一起。由于旅游产品和服务是一个整体，不是说在一个地方就只提供一种产品或服务，而是可能同时需要提供多种产品或服务，比如说旅游者除了游览观光，还要吃饭、睡觉、娱乐、购物等，这时就可能形成一个旅游综合体。虽然餐馆、饭店、游乐场和商店等可以分别设立，但它们聚集在一起形成的综合体显然不是单一用地类型。

二是复合性。复合性指的是同一地块承载着多种不同功能。首先是旅游功能和非旅游功能用地的复合。前面提到旅游业是指为人们进行旅游活动提供产品或服务的组织的总和。这中间有一个问题：就是为人们进行旅游活动提供产品或服务的组织也可能为非旅游活动提供产品或服务。比如一个餐馆的就餐者、一个博物馆的参观者，都可能既有旅游者，也有本地居民。那么这该餐馆、博物馆的用地显然分别兼顾餐饮和旅游、文化和旅游的用地性质。还有一些场所可能是部分具有旅游用途。比如工业旅游，有的工厂将部分生产工艺和场所提供给旅游者参观和体验，虽然工厂用地整体上属于工业用地，但是确实部分涉及旅游发展用地问题；再如乡村旅游，很多农用地种植了大片的油菜花、薰衣草等，它们构成了重要的景观，同时具有农用地和旅游用地的性质。其次是商业旅游用地和公益旅游用地的复合。大量旅游设施同时具有公益性和商业性，其用地也就具有复合性质。例如一条旅游公路不仅为旅游经营服务，同时还为当地居民的生产生活服务；旅游厕所从总体上应属于公共服务，但是有的旅游厕所却附带有商业设施。还有一种复合是旅游业内部不同细分行业（功能）的复合。规模大一点的饭店往往同时具有餐饮、住宿、娱乐、购物、会议等功能，一些度假村的功能就更多了。近些年发展比较快的演艺餐馆、博物馆酒店等，也是两种以上旅游功能的复合。复合性和综合性之间的界限并不总是很明确，复合具有综合的含义，而一个地块上不同业态的综合可能就成为复合。

三是变化性。变化是万事万物都具有的特征。对于旅游业用地来说，由于这种变化性表现得特别明显，使得对旅游业用地概念和分类（接下来要分析）的把握更加困难，实际上它和综合性、复合性一样，都是导致法律法规和政策文件中对于旅游业用地没有明确界定和统一分类、旅游业用地研究难以形成共识的重要原因。特别是法律法规和政策文件一般都会保持一定的稳定性和延续性，很难根据产业发展变化做到及时调整。因此，即使在每一次出台新的文件或对旧文件进行修订时，充分考虑了新的情况，但随着旅游业用地的发展变化，新的或修订的文件很快可能又存在一些不适用的问题。

2. 旅游业用地的分类

目前研究者已经就旅游业用地分类提出了很多不同的意见。从相关文献中可以看出，多数研究者注意到了旅游业用地的综合性和复合性，在分类设计时考虑到旅游景观用地、旅游设施用地和旅游商业用地等不同用途用地，覆盖了现有土地分类体系下的农用地、建设用地和未利用地，而不只是建设用地或风景名胜用地。但是，虽然每一种分类方法都有它的道理，不同研究者提出的分类也有类似之处，然而还没有哪种分类方法真正形成共识，旅游业用地远没有形成一致的分类体系。而且，对于旅游业用地综合性和复合性等特征的考虑普遍还不够深入，可操作性也不足，有的分类过于抽象，有的分类过细（甚至达到四级分类）。一方面难以与现行土地利用分类体系对接而无法落实，另一方面又因为在实践中起不到太大作用而没有必要。

笔者认为，在当前情况下，相对于提出一个具体的分类方法，对分类原则和方法进行讨论更加重要。

（1）旅游业用地分类需要明确的几个问题

从分类方法来说，有以下几个问题需要明确：

一是旅游业用地分类和土地分类体系的关系。旅游业用地分类要和土地分类体系相衔接，首先是要和《土地管理法》的三大类（即农用地、建设用地和未利用地）相对应，其次要和《土地利用现状分类》《城市用地分类与规划建设用地标准》等相适应。因为这些文件是城乡规划和国土空间规划等的依据，旅游业用地分类只有和上述规划相衔接，才能真正得以落地，相关的旅游业用地政策才真正具有可操作性。鉴于旅游业用地的综合性和复合性，实际上是不可能将旅游业用地作为单独的一类嵌入目前的土地分类体系当中的。这和国民经济行业分类中没有整体的旅游业类似。旅游业用地分类实际上就类似于旅游统计中提出的旅游卫星账户。构建一个旅游业用地分类体系不是要替代现有的土地分类体系，而是作为现有土地分类体系的附属物与其并存，用于指导旅游业用地实践，相对独立又从属于现有土地分类体系。

二是旅游业专有用地类型的设置。制定旅游业用地分类本身不是目的，目的是要通过土地政策的创新，推动旅游业高质量发展。这需要对旅游业有深刻的理解，而不只是以《土地利用现状分类》《城市用地分类与规划建设用地标准》等为模板，把旅游业相关用地归进去。在旅游业用地形态中，其实多数都不是旅游业所独有的，因而首先考虑的应该是共性，而不是设置独立的旅游业用地类型。只有在所有的现有用地类型都不能符合的情况下，才考虑设置专有的旅游业用地类型。

三是复合型用地的处理。复合型用地如果是在原有用地基础上附加旅游功能，不改变原有土地用途，则参照原地类进行管理。如工厂利用部分场所组织旅游者参观，不影响工厂生产，其用地可不做调整。复合型用地如果改变原有土地用途，变成以旅游经营为主，则需要调整地类，并根据是否进行新的建设确定是否需新增建设用地指标。

四是综合性用地的处理。综合性用地如果能够区分开来，则分别处理。如旅游厕所的主体部分和附属商业设施部分可以分别按照公用设施用地和商业设施用地处理，出于鼓励集约化利用的宗旨可以在土地价格方面采取一定优惠措施。如果难以区分，可以考虑设立旅游综合服务的新用地类型。

（2）对旅游业用地分类体系的设想

基于前面的讨论，笔者尝试提出一个旅游业用地分类的设想，这一设想遵循"旅游功能—用地形态—土地分类"三者合一的逻辑思路。

首先，确定用地的旅游功能用途。对旅游活动内容概括较好并得到广泛运用的一个理论是"六要素"理论，所谓六要素即吃、住、行、游、购、娱。根据这一理论，从旅游功能用途角度，可以将旅游业用地分为旅游餐饮、住宿、交通、游览、购物、娱乐用地。除此之外，还应该考虑集散、信息咨询、医疗、卫生、通信等公共管理与公共服务用地。会议展览用地属于公共管理与公共服务用地中的文化设施用地，但它实际上和旅游密切相关，因而可以单列出来。综上，我们可以从旅游功能用途角度，将旅游业用地分为旅游餐饮、住宿、交通、游览、购物、娱乐、会议展览、公共管理与公共服务用地。

其次，分析每一类用地的具体形态。比如说旅游住宿用地，除了城市建设的标准化酒店外，还要考虑农家乐、民宿、自驾车房车营地、树屋、帐篷酒店等非标准化住宿设施；游览用地，除了考虑国家公园、风景名胜区、国家森林公园等以外，还要考虑博物馆、文化馆、文化公园、文化创意街区、古村镇、观光农业园等场所。当然，由于每一类用地的具体形态非常多，这里只能择其要者提出来，根据旅游业用地的发展变化以后可以再调整。比如仓储购物，涉及旅游购物用地的新形态，但由于还不是很普遍，这里暂时不考虑。

最后，结合土地分类体系明确旅游业用地的对应地类。这里主要根据《土地利用现状分类 GB/T 21010－2017》确定地类。比如旅游住宿，可能分别涉及商服用地中的旅馆用地和住宅用地的农村宅基地。

具体如表 6－1 所示。

表 6-1　旅游业用地分类体系

旅游功能用途	旅游业用地形态	对应地类					
		一级类		二级类		三大类	
餐饮	城市饭店、餐厅、酒吧等	05	商服用地	0503	餐饮用地	建设用地	
	农村餐饮	05	商服用地	0503	餐饮用地	建设用地（农村集体）	
住宿	宾馆、旅馆、招待所、服务型公寓、度假村等	05	商服用地	0504	旅馆用地	建设用地	
	农家乐、民宿、自驾车房车营地等	05	商服用地	0504	旅馆用地	建设用地（农村集体）	
交通	乡村旅游道路	10	交通运输用地	1006	农村道路	农用地	
	利用村庄空闲地建设停车、集散等交通配套设施	12	其他用地	1201	空闲地	建设用地（农村集体）	
游览	附有观光休闲等用途的梯田、特色作物田等	01	耕地			农用地	
	附有观光休闲、采摘等用途的特色园地及小型临时休憩场所、特色植物景区等	02	园地			农用地	
	森林公园、滑雪场和附有观光休闲、采摘等用途的特色林地及小型临时休憩场所等	03	林地			农用地	
	草原风景区、草原公园、民间赛马场所和附有观光休闲、采摘等用途的特色草地及小型临时休憩场所等	04	草地			农用地	

续表

旅游功能用途	旅游业用地形态		对应地类		
			一级类	二级类	三大类
	博物馆、科技馆、美术馆、纪念馆等	08	公共管理与公共服务用地	0807 文化设施用地	建设用地
	公园、动物园、植物园等	08	公共管理与公共服务用地	0810 公园与绿地	建设用地
	宗教寺庙	09	特殊用地	0904 宗教用地	建设用地
	乡村水景	11	水域及水利设施用地	1101 河流水面	未利用地
	水上主题乐园	11	水域及水利设施用地	1102 湖泊水面	未利用地
	水库风景区	11	水域及水利设施用地	1103 水库水面	农用地
	海洋公园	11	水域及水利设施用地	1105 沿海滩涂	未利用地
	湿地公园	11	水域及水利设施用地	1106 内陆滩涂	未利用地
	冰川公园	11	水域及水利设施用地	1110 冰川及永久积雪	未利用地
	农事体验场所	12	其他土地	1202 设施农用地	农用地
	沙漠公园、沙漠旅游区	12	其他土地	1205 沙地	未利用地
	地质公园、地质景观风景区	12	其他土地	1207 裸岩石砾地	未利用地

旅游功能用途	旅游业用地形态	对应地类				
			一级类		二级类	三大类
	其他风景名胜景点（名胜古迹、旅游景点、革命遗址、自然保护区、森林公园、地质公园、湿地公园等）管理机构和服务设施建筑外的用地					按现状分别归入三大类
购物	旅游购物场所	05	商服用地		0501	零售商业用地	建设用地
	旅游购物场所	05	商服用地		0502	批发市场用地	建设用地
娱乐	剧院、音乐厅、影视城、仿古城、游乐场、人造主题公园等	05	商服用地		0506	娱乐用地	建设用地
	赛马场、高尔夫球场等	05	商服用地		0507	其他商服用地	建设用地
会议展览	会议中心、展览馆等	08	公共管理与公共服务用地		0807	文化设施用地	建设用地
公共管理与公共服务	旅游集散中心、游客咨询中心等	08	公共管理与公共服务用地		新增	旅游设施用地	建设用地
	风景名胜景点管理机构及旅游服务设施建筑用地	09	特殊用地		0906	风景名胜设施用地	建设用地

　　上述分类显然不可能穷尽所有旅游业用地的类型，但是基本涵盖了旅游业用地的主要类型，可以为旅游业用地政策制定提供参考。有些属于非专有性用地以及综合性、复合性的旅游业用地参照前面提出的思路予以处理。

四、关于我国旅游业用地具体政策优化的讨论

（一）建设用地指标

增加旅游业用地指标是旅游投资经营者的普遍诉求。在调查和访谈中，很多受访者都提到了这一点。出于和快速增长的旅游业相匹配，增加旅游业用地指标是有必要的。事实上，既有的政策文件对此已经有回应。比如《关于支持旅游业发展用地政策的意见》第一条就是"积极保障旅游业发展用地供应"。但是围绕旅游业用地指标的增加，还有许多问题需要明确。

首先，增加旅游业用地指标最主要的是要增加建设用地指标。尽管旅游业发展需要大量的非建设用地，但由于非建设用地的利用受到的限制较少，因而更受关注的是建设用地。食宿接待和休闲娱乐是旅游经营的重要利润来源，这些设施的建设都需要建设用地指标。

其次，增加多少用地指标才是合适的？土地资源使用要考虑到效率，只有在旅游业用地效率高于其他领域时，将土地资源更多地配置到旅游业才是合理的。从理论上说，土地资源最优配置的一个前提条件是各领域用地的边际效率相等。对于旅游业用地来说，就是当旅游业用地指标达到某一数量，再继续增加时旅游业的产出将低于其他行业，则这一数量是最优的。从现实来说，旅游业用地的经济产出往往要低于很多其他行业特别是制造业，那为什么还是要考虑增加旅游业用地指标呢？这是因为旅游发展除了经济效益以外，还有社会、文化、生态等多方面的效益。出于综合效益的考虑，可能增加一些用地用于发展旅游业更加合理。当然，旅游业用地绝不是越多越好，特别是现在有一种不好的倾向，似乎旅游项目规模越大越好，这是应该警惕的，旅游业用地规模还是要控制在有效范围之内。

最后，增加用地指标政策的操作性如何？笼统地说，保障旅游业用地供应、增加建设用地指标意义不大，要有切实可行的举措。很多行业都要优先供地，那么究竟哪个行业更优先，旅游业能排到什么位置？增加建设用地指标，究竟增加多少指标，最好予以明确，特别是对于地方来说，有一个具体数才好执行。什么样的项目能拿到用地指标，也最好有明确的条款，这样可以引导旅游投资，避免大量寻租行为的发生。

（二）景观用地

景观用地是指提供景观效果以便人们参观游览的用地，这部分用地可能涉及新建和改扩建，这样就需要建设用地审批。但有些情况下景观用地无须进行建设，只是对原有景观的利用，按照前面提到的复合型用地处理办法，在不改变原有土地用途的前提下可以参照原地类进行管理。这里的关键是对"不改变原有土地用途"的认定。如国家对于基本农田保护有着严格的管理规定，原来种水稻的田地不能用来种植果树或花卉。另外，如果涉及以国家公园为主体的自然保护地、重要海域和海岛、重要水源地、文物等特殊保护类型，能否在原有土地上附加旅游功能也要视具体情况而定，根据有关规定执行。

（三）旅游服务设施用地

有一些旅游服务设施如道路、厕所、咨询中心等，本身是非营利的，也不是休闲娱乐项目，这些设施算是公共设施吗？一般的处理是如果为经营区域外部的、面向社会公众开放的设施，可以纳入公共设施；而如果为经营区域内部的设施，则不纳入公共设施。比较不确定的是开放性景区的设施，比如有的乡村旅游点，为了去采摘、垂钓等而修建的道路，主要功能是旅游者使用，但当地居民同样可以使用，这些设施能否纳入公共设施，目前没有明确的说法。从逻辑上说，既然旅游具有修身养性之道，是人们的日常生活需要，且往往和文化、健康、养老、体育、教育等联系在一起，有助于人的全面发展，具有较强的公益性，那么满足旅游者的需要就是一项必需的公共服务，只要该设施是非营利的，就应该纳入公共设施进行建设和管理。但在实践中公共服务主要考虑的还只是常住居民的需要，尽管在旅游厕所建设方面有一些突破，然而其他一些主要为旅游者建设的设施还未能纳入公共设施。2018 年 4 月《文化和旅游部等 10 部门关于印发内蒙古满洲里、广西防城港边境旅游试验区建设实施方案的通知》提出"推动乡村旅游基础设施建设用地作为公共设施和公益事业用地"，可以考虑在更大范围内推广上述政策。

（四）弹性指标

2019 年 5 月，《中共中央、国务院关于建立国土空间规划体系并监督实施的若干意见》发布，这是各类开发保护建设活动的基本依据，对于国土利用具有重要指导意义。该文件提出，要发挥国土空间规划体系在国土空间开发保护中的战略引领和刚性管控作用，统领各类空间利用，把每一寸土地都规划得清清楚楚。之后有关政府官员和很多学者都对此做了强调。但是本人以为，对于文件中提出的"把每一寸土地都规划得清清楚楚"不能做教条式的理解，而应该看到这里所强调的其实是所有土地都要纳入规划，而不是真的把每一寸土地具体建什么、种什么等都做详尽的规划。事无巨细地规划，从理论来看是不可能的，从实践来看成本太大，也不利于发挥各类主体的积极性。特别是对于旅游业来说，发展具有很强的创意性，要想提前多年进行部署难度很大。这些年不乏利用荒山、旧厂房等发展旅游并取得成功的案例，它们都不是事先规划好的。同时，在旅游业用地中，项目建设往往只占较小比例，而且可能比较分散，整片规划并不适宜。因此，在国土空间规划中，如果能对旅游业等创意性较强且用地分散的行业给予更加灵活的处理，增强规划中旅游用地的机动性，比如探索以指标控制代替规划管制，可能是更好的办法。2017年12月，自然资源部、国家发展和改革委联合出台的《关于深入推进农业供给侧结构性改革做好农村产业融合发展用地保障的通知》第一条提出，乡（镇）土地利用总体规划可以预留少量（不超过5%）规划建设用地指标，用于零星分散的单独选址农业设施、乡村旅游设施等建设。2018年1月《中共中央、国务院关于实施乡村振兴战略的意见》提出，预留部分规划建设用地指标用于单独选址的农业设施和休闲旅游设施等建设。2018年9月《乡村振兴战略规划（2018—2022年）》提出，鼓励各类社会主体参与生态保护修复，对集中连片开展生态修复达到一定规模的经营主体，允许在符合土地管理法律法规和土地利用总体规划、依法办理建设用地审批手续、坚持节约集约用地的前提下，利用1%—3%治理面积从事旅游、康养、体育、设施农业等产业开发。2018年10月《促进乡村旅游发展提质升级行动方案》提出，乡（镇）土地利用总体规划可以预留少量（不超过5%）规划建设用地指标，用于零星分散的单独选址乡村旅游设施等建设。建议对上述政策内容加以整合并进一步固化。

（五）点状用地

点状用地是和片状用地相对应的概念。2019年7月出台的《四川省自然资源厅关于印发规范实施"点状用地"助推乡村振兴指导意见（试行）的通知》对点状用地做了明确界定，是指在城镇开发边界（城市和乡镇建设用地扩展边界）以外，不适合成片开发建设的地区，根据地域资源环境承载能力、区位条件和发展潜力，结合项目区块地形地貌特征，依据建（构）筑物占地面积等点状布局，按照建多少、转多少、征（占用）多少的原则点状报批，根据规划用地性质和土地用途灵活点状供应，开发建设服务于乡村振兴的项目用地。具体涵盖：农村基础设施和公共服务设施，休闲农业、乡村旅游和健康养老，农产品生产加工（流通）和手工作坊，以及符合相关规定的农村新产业新业态的建设项目。

浙江省是较早进行点状用地试点的省份，2015 年 4 月，浙江省国土资源厅等 9 部门出台《关于开展"坡地村镇"建设用地试点工作的通知》，该文件虽然没有直接提"点状供地"或"点状用地"，但是强调了"点状布局、垂直开发"，提出"实施点状布局单体开发的建设地块，可以按地块独立供地；实施点状布局整体开发的，可以实行多个单体建筑开发建设地块整体组合供地。试点项目区内生态保留用地可以不纳入供地范围；开发城镇建设用地的道路用地，可以纳入市政道路用地管理实行划拨供地。试点项目区内的建筑，可以根据控制性详细规划适当调整容积率、密度等要求，建设生态型村镇。试点项目区内旅游景区配套的咨询服务中心、游客集散中心、旅游停车场、景观绿化等公益性基础设施用地，可以采用划拨方式供地"，主要内容和后来的"点状用地"政策相一致。

点状用地政策对于解决旅游业用地问题具有重要意义。前面提到的旅游业用地分散、灵活、成本高的问题都可以通过实施点状用地得到部分解决。在上面提到的两个文件中，旅游业都被作为点状用地的重点领域。其他如 2018 年出台的《海南省人民政府关于进一步加强土地宏观调控提升土地利用效益的意见》中也提出：积极探索在百镇千村、共享农庄以及其他旅游项目设施建设中，主体项目周边用地保持原貌的情况下，采取分散化块、点状分布的方式"点状供地"，进一步提升土地利用的精细化、精准化、集约化程度。

点状用地的政策依据。在《关于支持旅游业发展用地政策的意见》的文件中，虽然没有直接提到"点状用地"，但其中的"依法实行用地分类管理制度"条款为旅游业点状用地提供了依据。该条款规定："旅游项目中，属于永久性设施建设用地的，依法按建设用地管理；属于自然景观用地及农牧渔业种植、养殖用地的，不征收（收回）、不转用，按现用途管理，由景区管理机构和经营主体与土地权利人依法协调种植、养殖、管护与旅游经营关系。"根据这一条款，旅游项目开发就可以点状形式报批。和点状用地相关的另一项重要政策是"单独选址"建设项目有关政策。因为以点状形式布局的旅游项目，往往位于土地利用总体规划或国土空间规划确定的城市和村庄、集镇建设用地范围之外。根据 2021 年最新修订的《中华人民共和国土地管理法实施条例》第二十四条规定：建设项目确需占用国土空间规划确定的城市和村庄、集镇建设用地范围外的农用地，涉及占用永久基本农田的，由国务院批准；不涉及占用永久基本农田的，由国务院或者国务院授权的省、自治区、直辖市人民政府批准。单独选址建设项目过去主要指能源、交通、水利、矿山、军事设施等项目，但是现在很多乡村旅游项目由于位于规划范围外且具有较大综合效益也常走单独报批方式。2018 年 1 月《中共中央、国务院关于实施乡村振兴战略的意见》提出，预留部分规划建设用地指标用于单独选址的农业设施和休闲旅游设施等建设，这里明确乡村旅游项目适用单独选址。

推进旅游业点状用地需要注意的问题。第一，点状用地必须符合相关国土规划。有的研究者就指出，点状土地征收利用需要符合村庄建设等规划，但实践中常存在没有规划或者规划没有覆盖的情况，这就需要新编制规划或者调规。①如果能够结合弹性指标设置简化审批程序，将给旅游业点状用地带来更大的便利。第二，土地使用期限不一致。虽然建设项目采用点状用地，但是旅游项目本身还是涉及不同类型用地，如耕地、林地和未利用地等，这些用地的租赁期限和建设用地出让年限是不一致的，从而使得项目用地保障存在不确定性。②第三，点状用地可能带来权利人对不动产产权证书管理不便、权利人随意分割转让不动产导致项目整体使用功能受影响等方面的问题。③第四，点状用地不能突破生态保护红线和基本农田保护红线。事实上如果突破的话是很难审批通过的。此外，还要避免通过点状用地变相圈地④。

（六）可移动住宿设施用地

这里所说的可移动住宿设施主要指帐篷酒店、小木屋、树屋以及利用车厢、集装箱改造的住宿设施等。这些设施总体上无须固化地面、不破坏耕作层、对生态影响小、随时可拆卸，近年来已经形成建设热潮，而且在很多情况下都是没有用地审批的。那么对于这类设施如何处理呢？首先，要看到这类设施建设成本低，有独特性体验，对于满足人们旅游休闲需求能够起到一些作用，因此不宜一刀切禁止。其次，对于可移动住宿设施还需要进一步区分，具体情况具体对待，特别是要明确这些设施究竟有没有固化地面、有没有破坏耕作层、有没有影响生态？如帐篷酒店对生态的影响一般要小于小木屋，但即使是帐篷酒店也需要配套给排水、电力、交通等设施，因此也不能说是对土地完全无损的。而集装箱酒店虽然没有大面积固化地面，但至少影响了植物的生长。如果是国家公园、森林公园等自然保护区域，还要考虑是否符合有关规划和管理规定。此外，一些可移动住宿设施是以临时建筑的名义审批的，如果严格按照临时建筑的相关规定，这些可移动住宿设施可能未必符合规定，同时临时建筑也是有

---

①　宋丹妮，白佳飞，罗寒."点状供地"解决休闲旅游用地问题——以重庆市武隆区"归原小镇"为例[J].中国土地，2018（10）：53－54.

②　黄镭.旅游项目规划建设中的"点状供地"问题初探[J].建筑工程技术与设计，2019（22）：31－62.

③　毛三虎.浅析旅游地产开发中的"点状供地"[J].中国房地产业，2019（21）：33－34.

④　黄镭.旅游项目规划建设中的"点状供地"问题初探[J].建筑工程技术与设计，2019（22）：31－62.

期限的，不能超过两年。因此，有必要针对可移动住宿设施出台专门政策条款，建议在符合规划和建设占地极低的情况下给出用地许可。

（七）停车场与自驾车房车营地用地

停车场与自驾车房车营地用地，如果实际上进行了固化地面等建设，自然按照建设用地处理。问题是原生态的停车场和生态停车场以及一些生态型自驾车房车营地用地，它们实际上没有进行建设或建设占地较小，如果直接按照建设用地来管理，既不合理，也增加了建设成本。《关于支持旅游业发展用地政策的意见》提出自驾车房车营地用地按照旅馆用地管理，在社会上引起了很多质疑。关于停车场的问题，根据《促进乡村旅游发展提质升级行动方案（2018－2020 年）》，经市县发展改革、住房和城乡建设、农业农村、文化和旅游等主管部门认定为仅在年度内特定旅游季节使用土地的乡村旅游停车设施，自然资源主管部门在相关设施不使用永久基本农田、不破坏生态与景观环境、不影响地质安全、不影响农业种植、不硬化地面、不建设永久设施的前提下，可不征收（收回）、不转用，按现用途管理。这一规定也体现在 2019 年自然资源部办公厅印发的《产业用地政策实施工作指引（2019 年版）》。参照上述政策的思想，建议对于生态型停车场、生态型自驾车房车营地的用地，也按照实际建设用地进行管理，对于没有进行建设的部分可以按现用途管理。

2016 年 11 月出台的《关于促进自驾车旅居车旅游发展的若干意见》，其中强化保障第二款是优化营地用地政策，提出自驾车营区、旅居车营区、商务俱乐部、木屋住宿区、休闲娱乐区等功能区应优先安排使用存量建设用地，确需新供的，用途按旅馆用地管理；其他功能区使用未利用地的，在不改变土地用途、不固化地面的前提下，可按原地类管理。上述文件在用地政策上做了一些突破，但是自驾车营区、旅居车营区、木屋住宿区等总体上纳入建设用地管理，还是难以满足旅游发展的需要。2017 年 12 月中共中央办公厅、国务院办公厅印发的《关于支持深度贫困地区脱贫攻坚的实施意见》曾经提出，旅游项目中的自然景观及为观景提供便利的观景台、栈道等非永久性附属设施占用除永久基本农田以外的农用地，在不破坏生态、景观环境和不影响地质安全的前提下，可不征收（收回）、不转用，按现用途管理。参照这一条措施，可以对自驾车营区、旅居车营区、木屋住宿区等的用地做适当放宽。

（八）利用宅基地发展旅游业

随着"三权分置"改革的深入，利用宅基地和其他集体建设用地发展旅游业，已经不存在根本性的政策障碍，但在操作性上还是存在一些可以探讨的地方。比如取得宅基地和其他集体建设用地使用权的组织或个人，能否享受村集体组织成员的其他权益，这中间有很多细节问题需要明确。对于宅基地而言，还有一个重要问题是能否改扩建。宅基地出让或出租后，附着的建筑物通常并不能直接用于旅游发展，而必须进行一定的改造，在实践中为发展旅游对农村住宅进行改扩建的现象非常普遍。从现行政策法规来说，农村住宅的改扩建必须审批，这就产生了一个问题，即非本村居民在取得宅基地使用权后，能否对原有住宅进行改扩建？需要新增用地的改扩建如果不行，那么加盖可否？对于这些问题现行政策法规没有明确。2017 年 12 月出台的《关于深入推进农业供给侧结构性改革做好农村产业融合发展用地保障的通知》提出，探索农村集体经济组织以出租、合作等方式盘活利用空闲农房及宅基地，按照规划要求和用地标准，改造建设民宿、创意办公、休闲农业、乡村旅游等农业农村体验活动场所。从促进旅游发展和合理利用土地的角度出发，建议出台更明确的政策条款，在符合规划和不产生新增用地的前提下，允许改建和加盖。此外，利用民居进行旅游接待经常遇到的消防合规问题，也需要出台针对性的规定，将此类设施的消防标准控制在合理有效的范围内，只有如此才能够促进利用宅基地发展旅游政策的真正落实。

（九）旅游业用地价格

从理论上说，确定土地价格的根本要素是成本收益比，而不是用途。使用土地的成本不仅要考虑对土地面积的占用以及土地取得成本、前期开发成本，还要考虑对土地和生态的损害以及其他替代用途的可能性；使用土地的收益不仅要考虑直接产出，也要考虑间接收益。旅游业从总体上说是资源节约型和环境友好型产业，和工业相比对土地和生态环境的破坏往往更小，甚至能够促进生态环境的优化和美化。旅游已经日益成为人民美好生活的有机组成部分，旅游发展对于提升国民素质、促进人的全面发展等具有非常积极的作用。而且，现在很多旅游业用地都位于比较偏远的地区，甚至不在规划范围内，农业产出低，同时不适合发展其他产业。因此，旅游业用地不宜简单地参照商服用地定价，甚至也不宜简单地参照工业用地定价，而应该综合考虑土地使用成本和收益，确定一个合理的底价。《关于支持旅游业发展用地政策的意见》对于"四荒地"的出让底价做了规定，可以参照该条款对更大范围的旅游业用地价格做出详细的规定。

五、关于我国旅游业用地政策制定和实施的建议

（一）优化旅游业用地政策制定机制

在用地问题越来越成为旅游业发展关键因素的情况下，建立高效的旅游业用地政策制定机制非常必要。旅游业用地政策制定不能等着领导指示了才行动，而要建立常态化的机制，及时将社会上对于旅游业用地政策的新需求反映给上级领导，以便进行相关决策。尤其是在文化和旅游、自然资源、发展改革等部门，应将旅游业用地问题列入日常工作当中，落实到处室和专人。这样，不仅有利于及时出台新的旅游业用地专门政策，也有利于为综合性政策文件起草提供更加专业的旅游业用地政策内容。

众所周知，政策文件存在有效期。前面提到，《关于支持旅游业发展用地政策的意见》是 2015 年 11 月 25 日发布，有效期 5 年，到 2020 年 11 月 25 日截止。2021 年 9 月 30 日在自然资源部官网查询，该文件时效状态明确为废止（网页地址：http://f.mnr.gov.cn/201703/t20170329_1447082.html）。另外，《关于支持旅游业发展用地政策的意见》规定新建、改建旅游厕所及相关粪便无害化处理设施需使用新增建设用地的，可在 2018 年前由旅游厕所建设单位集中申请，但为支持《全国旅游厕所建设管理新三年行动计划（2018－2020）》实施，2018年 1 月自然资源部、住房和城乡建设部、文旅部联合发出《关于延长旅游厕所用地政策适用期限的函》，将上述政策的适用期限也延长到 2020 年 11 月 25 日，不过 2021 年 9 月 30 日在自然资源部官网查询，该文件时效状态依然标明现行有效（网页地址：http://f.mnr.gov.cn/201905/t20190521_2412198.html）。除了《关于支持旅游业发展用地政策的意见》，其他一些旅游业用地相关政策文件如《促进乡村旅游发展提质升级行动方案（2018－2020 年）》等有效期也在 2020 年截止。因此，当前很多旅游业用地政策实际上是处于废止状态，亟须重新出台新的政策。

（二）扩大旅游业用地政策制定的参与主体

旅游业用地政策涉及利益群体非常广泛，主管部门工作人员和专家并不一定能代表最广大群体的利益，因此需要进一步扩大政策制定的参与主体，比如将一部分旅游企业代表、基层政府工作人员、土地（使用权）所有者等纳入政策制定团队。建议建立一个旅游业用地政策方面的专家库，这个专家库既包括

专业研究人员,也应包括对土地政策有实际操作经验的政府官员和一线工作者,以及部分利益相关者。由于政策制定的专业性,让大量农民直接参与政策制定不太现实,但是在政策制定过程中,可以通过访谈、座谈等方式,充分征求他们的意见。

（三）完善旅游业用地政策体系

首先,出台新的系统性旅游业用地政策。由于目前旅游业用地政策较为笼统,而且分散在不同政策文件当中,加上《关于支持旅游业发展用地政策的意见》有效期已截止,出台这样一个新的专门政策非常必要。其次,丰富旅游业用地政策内容。在综合性政策文件和相关政策文件中加强旅游业用地政策内容表述,注意和专门政策的衔接,可在专门政策的基础上进行拓展延伸。最后,建立健全中央—省—地市—县的旅游业用地政策体系。下级政府部门出台的政策不应简单重复上级政府部门出台的政策,而要因地制宜做些细化和补充。要鼓励地方在不违背国家政策法律的基础上进行旅游业用地政策创新。

（四）提高旅游业用地政策的可执行性

为提高政策的可执行性,有必要在政策条款的可操作性上多下功夫,包括出台相应的实施细则和"傻瓜式"的政策辅导读本等。此外,加强政策宣传,让更多的人知晓和理解政策,也是增强政策执行力的重要内容。

（五）加强旅游业用地政策实施的监测评估和调整

在旅游业用地政策出台之后,要对政策实施进行跟踪,及时了解政策实施情况,比如政策是否得到落实?在落实中有什么障碍?政策实施后起到了什么样的作用?利益相关主体的反应如何?等等。只有建立常态化的监测评估机制,才能保证政策发挥预期效果,同时为政策的及时调整提供基础,以适应不断发展变化的旅游业用地实践需要,避免政策的大起大落。

（六）夯实旅游业用地政策的理论基础

虽然围绕旅游业用地政策已经形成了大量研究成果,但是旅游业用地政策研究总体而言仍然是一个新兴而复杂的领域,目前关于旅游业用地的基本概念还没有形成一致认识,在旅游业用地政策制定为什么、依靠谁等核心问题上仍然缺少足够的探讨,有必要通过课题立项、成果评奖等途径,引导更多的研究者进入该领域当中,进一步夯实旅游业用地政策的理论基础。特别是要鼓励产学研结合,形成更多有思想、接地气、能运用的理论成果。

第七章 总结与展望

本章将对课题研究内容和取得成果做一个概括，并就研究中的创新和不足进行讨论，提出未来研究的方向。

一、主要研究内容和结论

第一章对我国旅游业用地相关研究进行了综述，着重介绍了我国旅游业用地概念与分类、规划与土地供应、交易和用地价格以及旅游业土地利用评价、旅游业用地政策创新、乡村旅游用地政策等方面的研究进展，指出现有研究为理解旅游业用地概念、了解旅游业用地政策现状问题、探讨旅游业用地政策创新思路等方面提供了很好的基础，但是在旅游业用地政策系统评估、政策作用机制和实施路径研究、整体理论框架构建、新形势下政策创新探讨等方面还有很大空间，从而提出了本研究的基本思路。

第二章介绍了国家层面旅游业用地政策的演变和地方层面对旅游业用地政策的探索，对我国旅游业用地政策进行了初步讨论，并指出近年来国家对旅游业用地政策越来越重视，出台了不少旅游业用地支持政策，但是旅游业用地在法律和标准上依然缺少明确的界定，政策创新力度不够、可操作性较差且执行尺度不一，在大众旅游深入发展的背景下旅游业用地政策问题更加突出。

第三章结合问卷调查，对旅游业用地政策公众感知和评价进行了详细分析。研究发现，被调查者对于现有旅游业用地政策总体上比较了解，对于政策的必要性、合理性、可操作性以及政策落实情况、取得效果等评价均较高，但具体到不同群体、不同政策内容，结果有些差异。被调查者认为当前旅游业用地存在的最大问题有用地政策存在冲突和不确定、投资风险大、办理用地手续太繁、用地成本太高等，希望的政策创新方向有出台更明确、具体的政策，出台更宽松、有利的政策，出台更具可操作性的政策等。

第四章结合访谈结果，对特定人群对旅游业用地政策的感知和评价做了进一步分析。研究发现，访谈结果和问卷调查结果既有一致的地方，也有不同之处。访谈对象对现有旅游业用地政策并不是很了解，并且提出了旅游业用地政策在实施过程中存在的很多问题。

第五章从理论上讨论了旅游业用地政策的类型、制定和执行过程，并结合对政策制定者的访谈，着重讨论了《关于支持旅游业发展用地政策的意见》和桂林旅游产业用地改革相关政策的制定和实施问题。

第六章分析了当前我国旅游业用地面临的形势，讨论了我国旅游业用地政策创新的原则。研究指出，随着土地政策不断创新，旅游业用地机遇和挑战并存，特别是大众旅游快速发展，旅游业用地需求增加；文化和旅游融合深入发展，规划外旅游业用地难以避免；"旅游+""+旅游"不断推进，旅游业用地复合化现象更加突出；乡村地区成为旅游发展主战场，乡村旅游用地问题日益凸显。研究提出，旅游业用地政策优化应遵循节约用地和保护耕地、坚守生态底线、维护文物安全、保护当地居民利益、有利于经济社会高质量发展、促进旅游业健康持续发展、充分考虑旅游业特殊性、增强政策的系统性和可操作性等原则。研究就旅游业用地的概念、分类以及建设用地指标、景观用地、弹性指标、点状供地、可移动住宿设施用地、停车场与自驾车房车营地用地、利用宅基地发展旅游业、文件期限以及土地价格等具体政策内容进行了探讨并提出了优化建议。

二、主要创新和不足之处

本研究在内容方面的创新，一是对现有旅游业用地政策做了比较系统的梳理；二是结合问卷调查和深入访谈对旅游业用地政策进行了较为全面的评估；三是就旅游业用地政策优化的原则方向、概念分类和关键内容进行了比较充分的讨论并提出了具体建议；四是建立了旅游业用地政策研究的较为系统的理论框架。

本研究还提出了系列创新观点，如提出以旅游业用地替代旅游用地概念，明确旅游业用地是指支撑旅游业发展的各种用地的统称，具有综合性、复合性、变化性等特征；提出构建旅游业用地分类体系必须坚持和土地分类体系相衔接、符合旅游业实践需要、满足生态安全和高效土地利用需要等原则；指出旅游业用地分类体系类实质上是土地分类体系的卫星账户体系，旅游业用地分类重点在于旅游业专有用地类型；提出综合性、复合性旅游业用地分类的基本思路，并基于"旅游功能—用地形态—土地分类"三者合一的思路构建了新的旅游业用地分类体系；提出增强规划中旅游用地的机动性，探索以指标控制代替规划管制；指出确定土地价格的根本要素是成本收益比，而不是用途等。

本研究也存在诸多不足之处，如旅游业用地感知问卷调查是通过单位自主调查平台实施的，由于问卷内容较多，为了提高问卷回收数量，设定凡是完整填写并提交者均可随机抽取 2—88 元的现金红包且百分百中奖，导致回收数量超过 2 万份，从而可能存在为了领红包而虚假填写的现象（但对填写时间较长的前 2000 份问卷和全部问卷进行比较，没有发现系统性的差异）；因为工作安排和新冠疫情暴发等原因，本研究最早设计的一些实地调研和访谈没有能够进行；旅游业用地政策复杂涉及问题较多，本研究未能一一涵盖；旅游业用地政策评估从理论上还可以进一步提升等。

三、未来研究展望

对旅游业用地政策进行系统评估是非常必要的，有利于我们了解旅游业用地政策的实施效果以及在政策制定和实施中存在的问题，并为将来的政策制定和实施提供参考。特别是在《关于支持旅游业发展用地政策的意见》实施满 5年、有效期截止的情况下，对政策评估和优化进行研究更具有重要的现实意义。未来的研究可以对具体政策条款进行更充分的调查和分析，增强和其他行业用地政策的比较分析，加强理论分析，这样可以进一步提升研究的科学性和指导性。

参考文献

[1] Abby Liu. Tourism in rural areas: Kedah, Malaysia[J]. Tourism Management, 2006, 27(05): 878-889.

[2] Alan A Lew. Tourism Management on American Indian Lands in the USA[J]. Tourism Management, 1996, 17(05): 355-365.

[3] Angela Hof, Thomas Schmitt. Urban and tourist land use patterns and water consumption: Evidence from Mallorca, Balearic Islands[J]. Land Use Policy, 2011, 28(04): 792-804.

[4] Christine Lim, Michael McAleer. Ecologically Sustainable Tourism Management[J]. Environmental Modelling & Software, 2005, 20(11): 1431-1438.

[5] Jianchao Xi, Meifeng Zhao, Quansheng Ge, Qinqin Kong. Changes in land use of a village driven by over 25 years of tourism: The case of Gougezhuang village, China [J]. Land Use Policy, 2014, 40(09): 119-130.

[6] John Davenport, Julia L. Davenport. The impact of tourism and personal leisure transport on coastal environments: A review[J]. Estuarine, Coastal and Shelf Science, 2005, 67(1/2): 280-292.

[7] Liisa Tyrväinen, Marja Uusitalo, Harri Silvennoinen, Eija Hasu. Towards sustainable growth in nature-based tourism destinations: Clients'views of land use options in Finnish Lapland[J]. Landscape and Urban Planning, 2014, 122(04): 1-15.

[8] Marion C. Markwick. Golf Tourism Development, Stakeholders, Differing Discourses and Alternative Agendas: the Case of Malta[J]. Tourism Management, 2000, 21(05): 515-524.

[9] Neslihan Dal, Sultan Baysan. Land use alterations in Kusadasi coastal area[J]. Procedia-Social and Behavioral Sciences, 2011(19): 331–338.

[10] Richard Sharpley. Rural tourism and the challenge of tourism diversification: the case of Cyprus[J]. Tourism Management, 2002, 23(03): 233-244.

[11] Robert G. Healy. The "Common Pool" Problem in Tourism Landscapes[J]. Annals of Tourism Research, 1994, 21(03): 596-611。

[12] Simon Jennings. Landscape Sensitivity and Tourism Development[J]. Journal of Sustainable Tourism, 2004, 12(04): 271-288.

[13] Susanne Kytzia, Ariane Walz, Mattia Wegmann. How can tourism use land more efficiently? A model-based approach to land-use efficiency for tourist destinations [J]. Tourism Management, 2011, 32(03): 629-640.

[14] Virgilio M Maguigad. Tourism planning in archipelagic Philippines: A case review[J]. Tourism Management Perspectives, 2013, 7 (Complete): 25-33.

[15] Wesley S Roehl, Daneiel R Fesenmaier. Tourism Land Use Conflict in the United States [J]. Annals of Tourism Reserach, 1987, 15(03): 471-485.

[16] Xiyan Mao, Jijun Meng, Qi Wang. Modeling the effects of tourism and land regulation on land-use change intourist regions: A case study of the Lijiang River Basin in Guilin, China [J]. Land Use Policy, 2014, 41(11): 368-377.

[17] Yalcin Kuvan and Perran Akan. Residents' Attitudes Toward General and Forest-related Impacts of Tourism: the Case of Belek, Antalya[J]. Tourism Management, 2005, 26(05): 691-706.

[18] 巴华蕊. 农村土地流转为旅游用地的法律问题研究[D]. 西安外国语大学，2012.

[19] 毕宝德. 土地经济学（第七版）[M]. 北京：中国人民大学出版社，2016.

[20] 曾博伟. 旅游用地改革的路径和方向[J]. 旅游学刊，2017，32（08）：9－11.

[21] 陈国章，石钖. "一岗双责"共筑廉政"防火墙"——广西国土资源厅以党风廉政建设促作风建设纪实[J]. 南方国土资源，2014（12）：7－10.

[22] 陈文娣. 旅游用地分类体系构建及空间结构特征研究 [D]. 南京：南京师范大学，2014.

[23] 陈悦，田代贵. 乡村旅游发展用地问题研究——以重庆市为例[J]. 探索，2014（05）：104－107.

[24] 戴学锋. 从全面深化改革角度看旅游用地改革的重要性[J]. 旅游学刊，2017，32（07）：3－5.

[25] 方艳群，狄春雷. 旅游用地细分用途基准地价评估方法探析[J]. 安徽农业科学，2017，45（25）：212－214+228.

[26] 方圆，张卓林. 海南休闲型共享农庄土地利用政策研究与实践[J]. 热带农业科学，2020，40（08）：85－91.

[27] 方臻子等. 松阳实践样本：创新供地方式激活乡村旅游[EB/OL]. http://zjnews.zjol.com.cn/zjnews/lsnews/201708/t20170830_4900428.shtml

[28] 郭焕成. 我国土地利用类型及其合理开发利用问题[J]. 自然资源，1987（3）：7－13.

[29] 郭焕成. 土地利用分类系统与土地利用图的编制方法——以北京市昌平区十三陵地区为例[J]. 经济地理，1981（1）：43－47，84.

[30] 郭宽，汤国. 开发景洪旅游文化资源提高旅游文化内涵[J]. 云南科技管理，1999（05）：48－49.

[31] 郭凌，黄国庆，王志章. 乡村旅游用地问题研究[J]. 湖南农业大学学报（社会科学版），2009（03）：13－19.

[32] 国家旅游局. 旅游业发展用地相关政策解读[M]. 北京：中国旅游出版社，2017：24－25.

[33] 韩雪，杨俊孝，姚娟. 基于可持续视角的旅游用地利用模式研究——以乌鲁木齐南山风景区为例[J]. 环境科学与管理，2012，37（06）：165－167+127.

[34] 郝娜，牛彦斌，李子良，齐跃普. 秦皇岛城市区旅游用地定级及地价评估[J]. 国土资源科技管理，2013，30（1）：26－30.

[35] 胡千慧，陆林. 旅游用地研究进展及启示［J］. 经济地理，2009，29（02）：313－319.

[36] 黄朝明，栾乔林. 依托增减挂钩优化旅游用地布局——以海南国际旅游岛建设为例[J]. 中国土地，2015（08）：36－38.

[37] 黄芳铭. 结构方程模式：理论与应用[M]. 北京：中国税务出版社，2005：88.

[38] 黄洁，程萍，岳永兵. 桂林旅游产业用地改革实践分析[J]. 中国土地，2016（11）：40－42.

[39] 黄镭. 旅游项目规划建设中的"点状供地"问题初探[J]. 建筑工程技术与设计，2019（22）：3162.

[40] 黄贤金. 土地政策学：第四版[M]. 北京：中国农业出版社，2014：29，42－47，50－51.

[41] 李凌旭，梁亚荣. 建设国际旅游岛背景下农村集体建设用地参与旅游项目开发的法律思考[J]. 安徽农业科学，2011，39（32）：19911－19912+20004.

[42] 李洋，马艺榕，刘剑川. 海南集体建设用地参与旅游项目开发的法律分析[J]. 重庆交通大学学报（社会科学版），2015，15（04）：40－43.

[43] 李永安. 我国乡村森林旅游开发须破解农村土地集体所有制的法制困局[J]. 世界林业研究，2019，32（04）：107－111.

[44] 梁栋栋，陆林．旅游用地的初步研究[J]．资源开发与市场．2005，21（05）：
　　　462－464．

[45] 梁入月．重庆农村土地整治与旅游联动机制研究[J]．农业经济，2016（09）：
　　　106－108．

[46] 林业江．桂林旅游产业用地改革试点的探索与实践[J]．旅游学刊，2017，
　　　32（07）：5－6．

[47] 刘家明，王润．城市郊区游憩用地配置影响因素分析[J]．旅游学刊，2007
　　　（12）：18－22．

[48] 刘杰，严金明，邱卉．生态旅游用地分类体系研究［J］．中国土地科学，
　　　2013，27（09）：71－77．

[49] 刘明，李灿，黄萌萌．创新旅游用地管理的若干关键问题研究[J]．科技与
　　　创新，2016（20）：10－12．

[50] 刘腾飞．论社会技术哲学视域中的政策与决策[J]．法制与社会，2008（11
　　　上）：237－238．

[51] 刘宗奎，于礼，李振波．旅游用地地价影响因素分析[J]．经济视角（下），
　　　2009（05）：17－19+55．

[52] 卢为民．旅游用地：分类标准待建　资源价值可期[N]．中国国土资源报，
　　　2016－10－10（05）．

[53] 罗文斌等．中国旅游用地研究发展特征及其影响分析[J]．中国林业科技大
　　　学学报（社会科学版），2015，9（04），24－31．

[54] 毛三虎．浅析旅游地产开发中的"点状供地"[J]．中国房地产业，2019（21）：
　　　33－34．

[55] 欧名豪．土地利用管理[M]．北京：农业出版社，2002．

[56] 欧阳安蛟，陈立定．旅游风景区基准地价评估方法体系研究[J]．资源科学，
　　　2005（03）：156－160．

[57] 饶品样，李树民．产权边界、层次差异与旅游用地资源配置效率［J］．旅
　　　游学刊，2008，23（11）：42－47．

[58] 邵佳．城市旅游用地的提出、分类设想及落实探讨[J]．规划师，2013（02）：
　　　84－87．

[59] 宋丹妮，白佳飞，罗寒．"点状供地"解决休闲旅游用地问题——以重庆市
　　　武隆区"归原小镇"为例[J]．中国土地，2018（10）：53－54．

[60] 宋子千．走向科学的旅游研究：体系、方法和路径[M]．北京：中国旅游
　　　出版社，2015．46－53．

[61] 宋子千．推动乡村旅游转型升级为乡村振兴作更大贡献[J]．中国旅游报，

2017－12－11（03）.

[62] 苏子龙，袁国华，郑娟尔. 我国旅游产业用地分类研究[J]. 中国土地，2017（04）：31－34.

[63] 汪晓春，王振伟. 国际旅游岛背景下海南乡村旅游发展的用地保障研究[J]. 农村经济与科技，2011，22（10）：50－51.

[64] 王爱民，姚丽. 创新改革，探索旅游用地差别化管理[J]. 中国地产市场，2014（10）：20－21.

[65] 王金叶，韦绍兰，吴郭泉，等. 基于桂林旅游产业用地改革背景下的旅游用地分类 [J]. 桂林理工大学学报，2015，35（01）：91－98.

[66] 王万茂. 土地资源管理学[M]. 北京：高等教育出版社，2003.

[67] 魏峰群，黄明华，李斌. 城市旅游景区对城市建设用地影响的量化分析及规划应对——基于西安曲江城市新区的数据实证[J]. 现代城市研究，2017（04）：51－58.

[68] 魏小安. 旅游用地八问[J]. 旅游学刊，2017，32（07）：11－14.

[69] 魏小安. 中国旅游业发展目标与知识化竞争[J]. 社会科学家，2000（01）：4－14.

[70] 文化和旅游部. 2019 年旅游市场基本情况[EB/OL]. https://www.mct.gov.cn/whzx/whyw/202003/t20200310_851786.htm

[71] 吴承照，过宝兴. 名山风景区旅游开发用地研究[J]. 地理学与国土研究，1991，7（04）：48－53.

[72] 吴冠岑，牛星，许恒周. 乡村旅游开发中土地流转风险的产生机理与管理工具 [J]. 农业经济问题，2013（04）：63－68.

[73] 吴郭泉，王文娜，刘加凤. 基于生态理念的旅游用地分类研究[J]. 福建林业科技，2008（03）：226－231.

[74] 习近平. 发展"无烟工业"也要可持续发展[N]. 浙江日报，2004－10－09.

[75] 席建超. 旅游用地：亟待厘清的几个基本理论问题 [N]. 中国旅游报，2013－11－08（11）.

[76] 徐勤政，刘鲁，彭珂. 城乡规划视角的旅游用地分类体系研究 [J]. 旅游学刊，2010，25（07）：54－61.

[77] 杨振之. 点状供地：文旅融合发展的基础性创新[N]. 四川日报，2019－05－09（007）.

[78] 杨振之. 旅游规划用地问题与用地创新[J]. 旅游学刊，2017，32（08）：1－4.

[79] 姚丽. 旅游发展中几个重要的土地问题[J]. 旅游学刊，2017，32（07）：

1—3.

[80] 于光远. 旅游与文化[J]. 瞭望周刊, 1986（14）: 35—36.

[81] 余中元, 李波, 张新时. 全域旅游发展背景下旅游用地概念及分类——社会生态系统视角[J]. 生态学报, 2019, 39（07）: 2331—2342.

[82] 余中元, 赵志忠. 旅游用地生态效应及调控研究框架设计[J]. 生态科学, 2013, 32（4）: 523—528.

[83] 袁国华, 郑娟尔. 创新旅游用地制度, 促进土地节约集约[N]. 中国国土资源报, 2016—06—30（05）.

[84] 张娟. 旅游用地分类的探讨[J]. 资源与产业, 2008, 10（01）: 63—68.

[85] 张清军. 全域旅游背景下旅游用地差别化管理政策体系构建: 以韶关市为例[J]. 贵州农业科学, 2018, 46（10）: 168—172.

[86] 章牧, 李月兰. 土地利用总体规划修编中的旅游用地问题研究［J］. 社会科学家 2006（04）: 124—127.

[87] 赵宇宁. 旅游用地基准地价评估研究[D]. 中国地质大学, 2006.

[88] 浙江湖州在旅游发展用地改革上先行先试取得突破[EB/OL]. http://www.cnta.gov.cn/ztwz/lvyzs/jyjl/201703/t20170303_816483.html.

[89] 中国政府网. 国常会通过这一草案 李克强强调严守耕地保护红线[EB/OL]. http://www.gov.cn/premier/2021-04/23/content_5601358.htm

[90] 周菲菲. 我国旅游用地分类与开发模式研究——以山东省广饶县为例［D］. 青岛: 中国海洋大学, 2010.

[91] 周祖成, 万方亮. 党的政策与国家法律 70 年关系的发展历程[J]. 现代法学, 2019（06）: 28—39.

[92] 朱德举. 土地评价[M]. 北京: 中国大地出版社, 1996.

附件一 旅游业用地政策问卷调查

（本调查欢迎对旅游业用地政策感兴趣并有一定了解的人士参与，凡是完整填写并提交者均可随机抽取 2－88 元的现金红包，百分百中奖！）

1.（第 1－15 题列出近年来国家层面出台的一些具体土地政策，希望了解您对这些政策的认识和评价情况）政策内容：旅游项目中属于自然景观用地及农牧渔业种植、养殖用地的，不征收（收回）、不转用，按现用途管理。（未注明者均为单选，下同）

（1）您了解该政策吗？请勾选分值，分值越高代表您越了解该政策，1 代表一点都不了解，3 代表了解程度一般，5 代表非常了解。

☐ 1　☐ 2　☐ 3　☐ 4　☐ 5

（2）您如何评价该政策的必要性？请勾选分值，分值越高代表您觉得该政策越有必要，1 代表没有任何必要，3 代表必要性一般，5 代表非常必要。

☐ 1　☐ 2　☐ 3　☐ 4　☐ 5

（3）您如何评价该政策的合理性？请勾选分值，分值越高代表您觉得该政策越合理，1 代表一点都不合理，3 代表合理性一般，5 代表非常合理。

☐ 1　☐ 2　☐ 3　☐ 4　☐ 5

（4）您如何评价该政策的可操作性？请勾选分值，分值越高代表您觉得该政策越可操作，1 代表非常难以操作，3 可操作性一般，5 代表很好操作。

☐ 1　☐ 2　☐ 3　☐ 4　☐ 5

（5）您如何评价该政策的落实情况？请勾选分值，分值越高代表您觉得该政策落实得越好，1 代表没有落实，3 落实情况一般，5 代表得到很好落实，**0 代表您不清楚。**

☐ 1　☐ 2　☐ 3　☐ 4　☐ 5　☐ 0

（6）您如何评价该政策起到的作用？请勾选分值，分值越高代表您觉得该政策实施效果越好，1 代表没有效果，3 代表效果一般，5 代表起到很好效果，**0 代表您不清楚。**

☐ 1　☐ 2　☐ 3　☐ 4　☐ 5　☐ 0

2. 政策内容：利用现有文化遗产、大型公共设施、知名院校、科研机构、工矿企业、大型农场开展文化、研学旅游活动，在符合规划、不改变土地用途的前提下，上述机构土地权利人利用现有房产兴办住宿、餐饮等旅游接待设施的，可保持原土地用途、权利类型不变。

（1）您了解该政策吗？请勾选分值，分值越高代表您越了解该政策，1代表一点都不了解，3了解程度一般，5代表非常了解。

☐ 1　☐ 2　☐ 3　☐ 4　　☐ 5

（2）您如何评价该政策的必要性？请勾选分值，分值越高代表您觉得该政策越有必要，1代表没有任何必要，3必要性一般，5代表非常必要。

☐ 1　☐ 2　☐ 3　☐ 4　　☐ 5

（3）您如何评价该政策的合理性？请勾选分值，分值越高代表您觉得该政策越合理，1代表一点都不合理，3合理性一般，5代表非常合理。

☐ 1　☐ 2　☐ 3　☐ 4　　☐ 5

（4）您如何评价该政策的可操作性？请勾选分值，分值越高代表您觉得该政策越可操作，1代表非常难以操作，3可操作性一般，5代表很好操作。

☐ 1　☐ 2　☐ 3　☐ 4　　☐ 5

（5）您如何评价该政策的落实情况？请勾选分值，分值越高代表您觉得该政策落实得越好，1代表没有落实，3代表落实情况一般，5代表得到很好落实，**0代表您不清楚。**

☐ 1　☐ 2　☐ 3　☐ 4　　☐ 5　☐ 0

（6）您如何评价该政策起到的作用？请勾选分值，分值越高代表您觉得该政策实施效果越好，1代表没有效果，3代表效果一般，5代表得到效果很好，**0代表您不清楚。**

☐ 1　☐ 2　☐ 3　☐ 4　　☐ 5　☐ 0

3. 政策内容：对社会资本投资建设连片面积达到一定规模的高标准农田、生态公益林等，允许在符合土地管理法律法规和土地利用总体规划、依法办理建设用地审批手续、坚持节约集约用地的前提下，利用一定比例的土地开展观光和休闲度假旅游等经营活动。

（1）您了解该政策吗？请勾选分值，分值越高代表您越了解该政策，1代表一点都不了解，3了解程度一般，5代表非常了解。

☐ 1　☐ 2　☐ 3　☐ 4　　☐ 5

（2）您如何评价该政策的必要性？请勾选分值，分值越高代表您觉得该政策越有必要，1代表没有任何必要，3必要性一般，5代表非常必要。

☐ 1　☐ 2　☐ 3　☐ 4　　☐ 5

（3）您如何评价该政策的合理性？请勾选分值，分值越高代表您觉得该政策越合理，1代表一点都不合理，3合理性一般，5代表非常合理。

□ 1　□ 2　□ 3　□ 4　　□ 5

（4）您如何评价该政策的可操作性？请勾选分值，分值越高代表您觉得该政策越可操作，1代表非常难以操作，3可操作性一般5代表很好操作。

□ 1　□ 2　□ 3　□ 4　　□ 5

（5）您如何评价该政策的落实情况？请勾选分值，分值越高代表您觉得该政策落实得越好，1代表没有落实，3落实情况一般，5代表得到很好落实，**0代表您不清楚。**

□ 1　□ 2　□ 3　□ 4　　□ 5　□ 0

（6）您如何评价该政策起到的作用？请勾选分值，分值越高代表您觉得该政策实施效果越好，1代表没有效果，3效果一般，5代表得到效果很好，**0代表您不清楚。**

□ 1　□ 2　□ 3　□ 4　　□ 5　□ 0

4. 政策内容：对集中连片开展生态修复达到一定规模的经营主体，允许在符合土地管理法律法规和土地利用总体规划、依法办理建设用地审批手续、坚持节约集约用地的前提下，利用1%－3%治理面积从事旅游、康养、体育、设施农业等产业开发。

（1）您了解该政策吗？请勾选分值，分值越高代表您越了解该政策，1代表一点都不了解，3了解程度一般，5代表非常了解。

□ 1　□ 2　□ 3　□ 4　　□ 5

（2）您如何评价该政策的必要性？请勾选分值，分值越高代表您觉得该政策越有必要，1代表没有任何必要，3必要性一般，5代表非常必要。

□ 1　□ 2　□ 3　□ 4　　□ 5

（3）您如何评价该政策的合理性？请勾选分值，分值越高代表您觉得该政策越合理，1代表一点都不合理，3合理性一般，5代表非常合理。

□ 1　□ 2　□ 3　□ 4　　□ 5

（4）您如何评价该政策的可操作性？请勾选分值，分值越高代表您觉得该政策越可操作，1代表非常难以操作，3可操作性一般，5代表很好操作。

□ 1　□ 2　□ 3　□ 4　　□ 5

（5）您如何评价该政策的落实情况？请勾选分值，分值越高代表您觉得该政策落实得越好，1代表没有落实，3落实情况一般，5代表得到很好落实，**0代表您不清楚。**

□ 1　□ 2　□ 3　□ 4　　□ 5　□ 0

（6）您如何评价该政策起到的作用？请勾选分值，分值越高代表您觉得该政策实施效果越好，1 代表没有效果，3 效果一般，5 代表得到效果很好，**0 代表您不清楚。**

□ 1　　□ 2　　□ 3　□ 4　　□ 5　□ 0

5. 政策内容：乡（镇）土地利用总体规划可以预留少量（不超过 5%）规划建设用地指标，用于零星分散的单独选址乡村旅游设施等建设。

（1）您了解该政策吗？请勾选分值，分值越高代表您越了解该政策，1 代表一点都不了解，3 了解程度一般，5 代表非常了解。

□ 1　　□ 2　　□ 3　□ 4　　□ 5

（2）您如何评价该政策的必要性？请勾选分值，分值越高代表您觉得该政策越有必要，1 代表没有任何必要，3 必要性一般，5 代表非常必要。

□ 1　　□ 2　　□ 3　□ 4　　□ 5

（3）您如何评价该政策的合理性？请勾选分值，分值越高代表您觉得该政策越合理，1 代表一点都不合理，3 合理性一般，5 代表非常合理。

□ 1　　□ 2　　□ 3　□ 4　　□ 5

（4）您如何评价该政策的可操作性？请勾选分值，分值越高代表您觉得该政策越可操作，1 代表非常难以操作，3 可操作性一般，5 代表很好操作。

□ 1　　□ 2　　□ 3　□ 4　　□ 5

（5）您如何评价该政策的落实情况？请勾选分值，分值越高代表您觉得该政策落实得越好，1 代表没有落实，3 落实情况一般，5 代表得到很好落实，**0 代表您不清楚。**

□ 1　　□ 2　　□ 3　□ 4　　□ 5　□ 0

（6）您如何评价该政策起到的作用？请勾选分值，分值越高代表您觉得该政策实施效果越好，1 代表没有效果，3 效果一般，5 代表得到效果很好，**0 代表您不清楚。**

□ 1　　□ 2　　□ 3　□ 4　　□ 5　□ 0

6. 政策内容：对于旅游项目确实选址在规划确定的城镇建设用地范围外的，其中的旅游设施等建设用地可按单独选址项目报批用地。

（1）您了解该政策吗？请勾选分值，分值越高代表您越了解该政策，1 代表一点都不了解，3 了解程度一般，5 代表非常了解。

□ 1　　□ 2　　□ 3　□ 4　　□ 5

（2）您如何评价该政策的必要性？请勾选分值，分值越高代表您觉得该政策越有必要，1 代表没有任何必要，3 必要性一般，5 代表非常必要。

□ 1　　□ 2　　□ 3　□ 4　　□ 5

（3）您如何评价该政策的合理性？请勾选分值，分值越高代表您觉得该政策越合理，1代表一点都不合理，3合理性一般，5代表非常合理。

□1　□2　□3　□4　□5

（4）您如何评价该政策的可操作性？请勾选分值，分值越高代表您觉得该政策越可操作，1代表非常难以操作，3可操作性一般，5代表很好操作。

□1　□2　□3　□4　□5

（5）您如何评价该政策的落实情况？请勾选分值，分值越高代表您觉得该政策落实得越好，1代表没有落实，3落实情况一般，5代表得到很好落实，**0代表您不清楚。**

□1　□2　□3　□4　□5　□0

（6）您如何评价该政策起到的作用？请勾选分值，分值越高代表您觉得该政策实施效果越好，1代表没有效果，3效果一般，5代表得到效果很好，**0代表您不清楚。**

□1　□2　□3　□4　□5　□0

7. 政策内容：仅在年度内特定旅游季节使用土地的乡村旅游停车设施，在一定前提下，可不征收（收回）、不转用，按现用途管理。

（1）您了解该政策吗？请勾选分值，分值越高代表您越了解该政策，1代表一点都不了解，3了解程度一般，5代表非常了解。

□1　□2　□3　□4　□5

（2）您如何评价该政策的必要性？请勾选分值，分值越高代表您觉得该政策越有必要，1代表没有任何必要，3必要性一般，5代表非常必要。

□1　□2　□3　□4　□5

（3）您如何评价该政策的合理性？请勾选分值，分值越高代表您觉得该政策越合理，1代表一点都不合理，3合理性一般，5代表非常合理。

□1　□2　□3　□4　□5

（4）您如何评价该政策的可操作性？请勾选分值，分值越高代表您觉得该政策越可操作，1代表非常难以操作，3可操作性一般，5代表很好操作。

□1　□2　□3　□4　□5

（5）您如何评价该政策的落实情况？请勾选分值，分值越高代表您觉得该政策落实得越好，1代表没有落实，3落实情况一般，5代表得到很好落实，**0代表您不清楚。**

□1　□2　□3　□4　□5　□0

（6）您如何评价该政策起到的作用？请勾选分值，分值越高代表您觉得该政策实施效果越好，1代表没有效果，3效果一般，5代表得到效果很好，**0代**

表您不清楚。

□ 1　□ 2　□ 3　□ 4　□ 5　□ 0

8. 政策内容：对自驾车旅居车营地的特定功能区，使用未利用地的，在不改变土地用途、不固化地面的前提下，可按原地类管理。

（1）您了解该政策吗？请勾选分值，分值越高代表您越了解该政策，1代表一点都不了解，3了解程度一般，5代表非常了解。

□ 1　□ 2　□ 3　□ 4　□ 5

（2）您如何评价该政策的必要性？请勾选分值，分值越高代表您觉得该政策越有必要，1代表没有任何必要，3必要性一般，5代表非常必要。

□ 1　□ 2　□ 3　□ 4　□ 5

（3）您如何评价该政策的合理性？请勾选分值，分值越高代表您觉得该政策越合理，1代表一点都不合理，3合理性一般，5代表非常合理。

□ 1　□ 2　□ 3　□ 4　□ 5

（4）您如何评价该政策的可操作性？请勾选分值，分值越高代表您觉得该政策越可操作，1代表非常难以操作，3可操作性一般，5代表很好操作。

□ 1　□ 2　□ 3　□ 4　□ 5

（5）您如何评价该政策的落实情况？请勾选分值，分值越高代表您觉得该政策落实得越好，1代表没有落实，3落实情况一般，5代表得到很好落实，**0代表您不清楚。**

□ 1　□ 2　□ 3　□ 4　□ 5　□ 0

（6）您如何评价该政策起到的作用？请勾选分值，分值越高代表您觉得该政策实施效果越好，1代表没有效果，3效果一般，5代表得到效果很好，**0代表您不清楚。**

□ 1　□ 2　□ 3　□ 4　□ 5　□ 0

9. 政策内容：选址在土地利用总体规划确定的城镇规划区外的自驾车旅居车营地，其公共停车场、各功能区之间的连接道路、商业服务区等可与农村公益事业合并实施，依法使用集体建设用地。

（1）您了解该政策吗？请勾选分值，分值越高代表您越了解该政策，1代表一点都不了解，3了解程度一般，5代表非常了解。

□ 1　□ 2　□ 3　□ 4　□ 5

（2）您如何评价该政策的必要性？请勾选分值，分值越高代表您觉得该政策越有必要，1代表没有任何必要，3必要性一般，5代表非常必要。

□ 1　□ 2　□ 3　□ 4　□ 5

（3）您如何评价该政策的合理性？请勾选分值，分值越高代表您觉得该政策越合理，1 代表一点都不合理，3 合理性一般，5 代表非常合理。

☐ 1　☐ 2　　☐ 3　☐ 4　　☐ 5

（4）您如何评价该政策的可操作性？请勾选分值，分值越高代表您觉得该政策越可操作，1 代表非常难以操作，3 可操作性一般，5 代表很好操作。

☐ 1　☐ 2　　☐ 3　☐ 4　　☐ 5

（5）您如何评价该政策的落实情况？请勾选分值，分值越高代表您觉得该政策落实得越好，1 代表没有落实，3 落实情况一般，5 代表得到很好落实，**0 代表您不清楚。**

☐ 1　☐ 2　　☐ 3　☐ 4　　☐ 5　☐ 0

（6）您如何评价该政策起到的作用？请勾选分值，分值越高代表您觉得该政策实施效果越好，1 代表没有效果，3 效果一般，5 代表得到效果很好，**0 代表您不清楚。**

☐ 1　☐ 2　　☐ 3　☐ 4　　☐ 5　☐ 0

10. 政策内容：对利用现有山川水面建设冰雪场地设施，对不占压土地、不改变地表形态的，可按原地类管理。

（1）您了解该政策吗？请勾选分值，分值越高代表您越了解该政策，1 代表一点都不了解，3 了解程度一般，5 代表非常了解。

☐ 1　☐ 2　　☐ 3　☐ 4　　☐ 5

（2）您如何评价该政策的必要性？请勾选分值，分值越高代表您觉得该政策越有必要，1 代表没有任何必要，3 必要性一般，5 代表非常必要。

☐ 1　☐ 2　　☐ 3　☐ 4　　☐ 5

（3）您如何评价该政策的合理性？请勾选分值，分值越高代表您觉得该政策越合理，1 代表一点都不合理，3 合理性一般，5 代表非常合理。

☐ 1　☐ 2　　☐ 3　☐ 4　　☐ 5

（4）您如何评价该政策的可操作性？请勾选分值，分值越高代表您觉得该政策越可操作，1 代表非常难以操作，3 可操作性一般，5 代表很好操作。

☐ 1　☐ 2　　☐ 3　☐ 4　　☐ 5

（5）您如何评价该政策的落实情况？请勾选分值，分值越高代表您觉得该政策落实得越好，1 代表没有落实，3 落实情况一般，5 代表得到很好落实，**0 代表您不清楚。**

☐ 1　☐ 2　　☐ 3　☐ 4　　☐ 5　☐ 0

（6）您如何评价该政策起到的作用？请勾选分值，分值越高代表您觉得该政策实施效果越好，1 代表没有效果，3 效果一般，5 代表得到效果很好，**0 代表您不清楚。**

□ 1　□ 2　　□ 3　□ 4　　□ 5　□ 0

11. 政策内容：在符合生态环境保护要求和相关规划的前提下，对使用荒山、荒地、荒滩及石漠化土地建设的冰雪项目，出让底价可按不低于土地取得成本、土地前期开发成本和按规定应收取的相关费用之和的原则确定。

（1）您了解该政策吗？请勾选分值，分值越高代表您越了解该政策，1 代表一点都不了解，3 了解程度一般，5 代表非常了解。

□ 1　□ 2　　□ 3　□ 4　　□ 5

（2）您如何评价该政策的必要性？请勾选分值，分值越高代表您觉得该政策越有必要，1 代表没有任何必要，3 必要性一般，5 代表非常必要。

□ 1　□ 2　　□ 3　□ 4　　□ 5

（3）您如何评价该政策的合理性？请勾选分值，分值越高代表您觉得该政策越合理，1 代表一点都不合理，3 合理性一般，5 代表非常合理。

□ 1　□ 2　　□ 3　□ 4　　□ 5

（4）您如何评价该政策的可操作性？请勾选分值，分值越高代表您觉得该政策越可操作，1 代表非常难以操作，3 可操作性一般，5 代表很好操作。

□ 1　□ 2　　□ 3　□ 4　　□ 5

（5）您如何评价该政策的落实情况？请勾选分值，分值越高代表您觉得该政策落实得越好，1 代表没有落实，落实情况一般，5 代表得到很好落实，**0 代表您不清楚。**

□ 1　□ 2　　□ 3　□ 4　　□ 5　□ 0

（6）您如何评价该政策起到的作用？请勾选分值，分值越高代表您觉得该政策实施效果越好，1 代表没有效果，3 效果一般，5 代表得到效果很好，**0 代表您不清楚。**

□ 1　□ 2　　□ 3　□ 4　　□ 5　□ 0

12. 政策内容：对使用"四荒地"及石漠化、边远海岛建设的乡村旅游项目，出让底价可按不低于土地取得成本、土地前期开发成本和按规定应收取相关费用之和的原则确定。

（1）您了解该政策吗？请勾选分值，分值越高代表您越了解该政策，1 代表一点都不了解，3 了解程度一般，5 代表非常了解。

□ 1　□ 2　　□ 3　□ 4　　□ 5

（2）您如何评价该政策的必要性？请勾选分值，分值越高代表您觉得该政策越有必要，1 代表没有任何必要，3 必要性一般，5 代表非常必要。

□ 1　□ 2　　□ 3　□ 4　　□ 5

（3）您如何评价该政策的合理性？请勾选分值，分值越高代表您觉得该政策越合理，1 代表一点都不合理，3 合理性一般，5 代表非常合理。

□ 1　□ 2　□ 3　□ 4　□ 5

（4）您如何评价该政策的可操作性？请勾选分值，分值越高代表您觉得该政策越可操作，1 代表非常难以操作，3 可操作性一般，5 代表很好操作。

□ 1　□ 2　□ 3　□ 4　□ 5

（5）您如何评价该政策的落实情况？请勾选分值，分值越高代表您觉得该政策落实得越好，1 代表没有落实，3 落实情况一般，5 代表得到很好落实，**0 代表您不清楚。**

□ 1　□ 2　□ 3　□ 4　□ 5　□ 0

（6）您如何评价该政策起到的作用？请勾选分值，分值越高代表您觉得该政策实施效果越好，1 代表没有效果，3 效果一般，5 代表得到效果很好，**0 代表您不清楚。**

□ 1　□ 2　□ 3　□ 4　□ 5　□ 0

13. 政策内容：支持返乡下乡人员依托自有和闲置农房院落发展农家乐，在符合农村宅基地管理规定和相关规划的前提下，允许返乡下乡人员和当地农民合作改建自住房。

（1）您了解该政策吗？请勾选分值，分值越高代表您越了解该政策，1 代表一点都不了解，3 了解程度一般，5 代表非常了解。

□ 1　□ 2　□ 3　□ 4　□ 5

（2）您如何评价该政策的必要性？请勾选分值，分值越高代表您觉得该政策越有必要，1 代表没有任何必要，3 必要性一般，5 代表非常必要。

□ 1　□ 2　□ 3　□ 4　□ 5

（3）您如何评价该政策的合理性？请勾选分值，分值越高代表您觉得该政策越合理，1 代表一点都不合理，3 合理性一般，5 代表非常合理。

□ 1　□ 2　□ 3　□ 4　□ 5

（4）您如何评价该政策的可操作性？请勾选分值，分值越高代表您觉得该政策越可操作，1 代表非常难以操作，3 可操作性一般，5 代表很好操作。

□ 1　□ 2　□ 3　□ 4　□ 5

（5）您如何评价该政策的落实情况？请勾选分值，分值越高代表您觉得该政策落实得越好，1 代表没有落实，3 落实情况一般，5 代表得到很好落实，**0 代表您不清楚。**

□ 1　□ 2　□ 3　□ 4　□ 5　□ 0

（6）您如何评价该政策起到的作用？请勾选分值，分值越高代表您觉得该政策实施效果越好，1 代表没有效果，3 效果一般，5 代表得到效果很好，**0 代**

表您不清楚。

□ 1　□ 2　□ 3　□ 4　□ 5　□ 0

14. 政策内容：农村集体经济组织可以依法使用自有建设用地自办或以土地使用权入股、联营等方式与其他单位和个人共同参与乡村旅游基础设施建设。

（1）您了解该政策吗？请勾选分值，分值越高代表您越了解该政策，1 代表一点都不了解，3 了解程度一般，5 代表非常了解。

□ 1　□ 2　□ 3　□ 4　□ 5

（2）您如何评价该政策的必要性？请勾选分值，分值越高代表您觉得该政策越有必要，1 代表没有任何必要，3 必要性一般，5 代表非常必要。

□ 1　□ 2　□ 3　□ 4　□ 5

（3）您如何评价该政策的合理性？请勾选分值，分值越高代表您觉得该政策越合理，1 代表一点都不合理，3 合理性一般 ，5 代表非常合理。

□ 1　□ 2　□ 3　□ 4　□ 5

（4）您如何评价该政策的可操作性？请勾选分值，分值越高代表您觉得该政策越可操作，1 代表非常难以操作，3 可操作性一般，5 代表很好操作。

□ 1　□ 2　□ 3　□ 4　□ 5

（5）您如何评价该政策的落实情况？请勾选分值，分值越高代表您觉得该政策落实得越好，1 代表没有落实，3 落实情况一般，5 代表得到很好落实，**0 代表您不清楚。**

□ 1　□ 2　□ 3　□ 4　□ 5　□ 0

（6）您如何评价该政策起到的作用？请勾选分值，分值越高代表您觉得该政策实施效果越好，1 代表没有效果，3 效果一般，5 代表得到效果很好，**0 代表您不清楚。**

□ 1　□ 2　□ 3　□ 4　□ 5　□ 0

15. 政策内容：农村集体经济组织可以出租、入股、合作等方式盘活利用农房及宅基地，按照规划要求和用地标准，改造建设乡村旅游接待和活动场所。

（1）您了解该政策吗？请勾选分值，分值越高代表您越了解该政策，1 代表一点都不了解，3 了解程度一般，5 代表非常了解。

□ 1　□ 2　□ 3　□ 4　□ 5

（2）您如何评价该政策的必要性？请勾选分值，分值越高代表您觉得该政策越有必要，1 代表没有任何必要，3 必要性一般，5 代表非常必要。

□ 1　□ 2　□ 3　□ 4　□ 5

（3）您如何评价该政策的合理性？请勾选分值，分值越高代表您觉得该政策越合理，1 代表一点都不合理，3 合理性一般，5 代表非常合理。

☐ 1　☐ 2　☐ 3　☐ 4　☐ 5

（4）您如何评价该政策的可操作性？请勾选分值，分值越高代表您觉得该政策越可操作，1 代表非常难以操作，3 可操作性一般，5 代表很好操作。

☐ 1　☐ 2　☐ 3　☐ 4　☐ 5

（5）您如何评价该政策的落实情况？请勾选分值，分值越高代表您觉得该政策落实得越好，1 代表没有落实，3 落实情况一般，5 代表得到很好落实，**0代表您不清楚。**

☐ 1　☐ 2　☐ 3　☐ 4　☐ 5　☐ 0

（6）您如何评价该政策起到的作用？请勾选分值，分值越高代表您觉得该政策实施效果越好，1 代表没有效果，3 效果一般，5 代表得到效果很好，**0代表您不清楚。**

☐ 1　☐ 2　☐ 3　☐ 4　☐ 5　☐ 0

16. 您觉得近年来旅游业用地指标有什么变化？请勾选分值，分值越高代表您越认同该说法，1 代表紧张很多，3 没有变化，5 代表宽松很多

☐ 1　☐ 2　☐ 3　☐ 4　☐ 5

17. 您觉得近年来旅游业用地成本有什么变化？请勾选分值，分值越高代表您越认同该说法，1 代表减少很多，3 没有变化，5 代表增加很多

☐ 1　☐ 2　☐ 3　☐ 4　☐ 5

18. 您觉得近年来旅游业用地相关手续办理有什么变化？请勾选分值，分值越高代表您越认同该说法，1 代表不便很多，3 没有变化，5 代表便利很多

☐ 1　☐ 2　☐ 3　☐ 4　☐ 5

19. 您觉得近年来旅游业用地中的违规现象（如以旅游之名修建别墅、开发房地产、修建高尔夫球场等）有什么变化？请勾选分值，分值越高代表您越认同该说法，1 代表违规现象增加很多，3 没有变化，5 代表违规现象减少很多

☐ 1　☐ 2　☐ 3　☐ 4　☐ 5

20. 您觉得与工业用地相比，旅游业用地政策是否有利？请勾选分值，分值越高代表您越认同该说法，1 代表不利很多，3 差不多，5 代表有利很多

☐ 1　☐ 2　☐ 3　☐ 4　☐ 5

21. 您了解 2015 年自然资源部、住房和城乡建设部、文旅部联合印发的文件《关于支持旅游业发展用地政策的意见》吗？请勾选分值，分值越高代表您越了解该政策，1 代表一点都不了解，3 了解程度一般 5 代表非常了解。

☐ 1　☐ 2　☐ 3　☐ 4　☐ 5

22. 您觉得当前有必要出台新的旅游业用地政策吗？请勾选分值，分值越高代表您越觉得有必要出台新政策，1 代表您觉得没有任何必要，3 必要新一

般，5 代表您觉得非常必要。

□ 1　　□ 2　　□ 3　　□ 4　　□ 5

23. 您觉得当前旅游业用地存在的最大问题是什么？（至多选 3 项）

□ 建设用地指标太少

□ 用地成本太高

□ 办理用地手续太繁

□ 用地政策存在冲突和不确定，投资风险大

□ 违规用地现象突出

□ 新业态用地政策不明确

□ 其他（请填写）＿＿＿＿＿＿＿＿

24. 您觉得旅游业用地政策创新的方向是？（至多选 3 项）

□ 出台更系统的一揽子政策

□ 出台更宽松、有利的政策

□ 出台更明确、具体的政策

□ 出台更具可操作性的政策

□ 出台针对新业态的专门政策

□ 出台和用地相关的财政、金融、工商等政策

□ 其他（请填写）＿＿＿＿＿＿＿＿

25. 您的身份是？

□ 旅游投资者

□ 旅游企业经营管理者

□ 旅游行业管理部门工作者

□ 旅游教育、研究和传媒工作者

□ 旅游专业学生

□ 以上都不是

附件二 对政策制定参与人的访谈提纲

一、关于《关于支持旅游业发展用地政策的意见》

1. 请您介绍一下《关于支持旅游业发展用地政策的意见》出台的背景，也就是政策出台主要是基于什么考虑的？有没有直接动因？如领导指示、人大提案或其他事件。

2. 请您介绍一下政策出台的过程，包括承担主体、任务提出、研究讨论和形成条文、报批的整个流程。

3. 在政策出台的过程中，其他部门、地方、企业、专家和当地居民以及社会公众的意见是如何吸纳的？

4. 您觉得当时出台的政策内容有哪些创新？有没有想写进去但是最终没有写进的内容？

5. 您觉得这几年政策落实情况怎么样？有没有真正实施下去？

6. 您觉得政策实施的效果怎么样？有没有达到预期目的？

7. 您觉得下一步政策可以从哪些方面进行调整和创新？（有没有不合适需要调整的？）

二、关于桂林旅游产业用地改革

1. 请您介绍一下桂林旅游产业用地改革的背景，也就是政策出台主要是基于哪些方面的考虑？

2. 请您介绍一下政策出台的过程，包括任务提出、承担主体、研究讨论和形成条文、报批的整个流程。

3. 在政策出台的过程中，其他部门、地方、企业、专家和当地居民以及社会公众的意见是如何吸纳的？

4. 您觉得当时出台的政策内容有哪些创新？有没有想写进去但是最终没有写进的内容？

5. 您觉得这几年政策落实情况怎么样？有没有真正实施下去？（哪些条款实施比较好？哪些实施比较差？）

6. 您觉得政策实施的效果怎么样？有没有达到预期目的？为什么？

7. 您觉得当前桂林旅游用地有哪些问题？可以从哪些方面进行政策创新？

后　记

　　本书在宋子千主持的国家社会科学基金项目"我国旅游业用地政策系统评估和优化研究"（批准号：17BGL118）最终成果基础上整理形成。该课题主要参加人有毛良祥、蒋依依、李仲广、辛安娜、马晓芬、宋潇玉、张琳、蒋艳等，他们分别在文献梳理、问卷整理、访谈开展等方面做了很多工作，课题框架设计、主要观点提炼以及报告撰写的大部分工作均由宋子千完成。此次出版由宋子千参照课题评审意见做了一些修改工作，但限于时间精力，有些不足之处尚待在今后的研究中进一步完善。